JN006827

基本英文法
をおさらい

Fundamental Sentence Composition
for Fluent Conversation

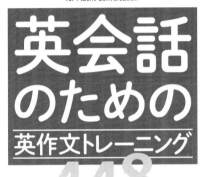

英会話
のための
英作文トレーニング
448

海渡寛記
Hiroki Kaito

マイケル・D・N・ヒル
Michael D. N. Hill

クロスメディア・ランゲージ

はじめに

日本人が英語で話すときは…
思い浮かんだ日本語を瞬時に英語にして話す

　日本語の思考回路が出来上がった私たち大人は、赤ちゃんが英語を身につけるときと違い、英語を話すときに英語より先に日本語が頭に浮かびます。したがって大人の英語学習者が英語を話そうと思ったら、最初は思い浮かんだ日本語を英語にして話すことになります。トレーニングを積めば頭の中で日本語を介さずに英語を話す状態にできますが、そうなるためには「思いついた日本語をどうにかして英語にして話す」、これが第一歩になります。

　しかし、日本語と英語は語順や文法がまったく違います。思いついた日本語をそのまま英語にするのは難しくて厄介です。たとえば「E メールを送りますね」という日本語が思い浮かんで、そのままの語順で英語にしようとすると、Email... と目的語から話してしまい、正しい英語の語順になりません。もちろん時間をかければある程度整理して語順や文法に気をつけることができますが、初級者から中級者くらいまでの多くの学習者にとって、パッと瞬時に英語で返したり、すぐに英語で意見を述べたりするのは難しいものです。

　そこで、この問題を解決する 1 つの方法として本書のトレーニングを考案しました。いざというときに思い浮かんだ日本語を、その場で瞬時に正しく英訳して話すのは難しいので、使用頻度の高い日本語をあらかじめピックアップしておき、英語に変えるトレーニングをするというものです。さまざまなシーンを想定した、私たちがよく言いそうな（思い浮かびそうな）日本語を英語にする練習を重ねていただきます。実際に英語で会話する際に、言いたいことが日本語で浮かんでしまっても、同様の文を英語に変えるトレーニングを積んでいれば瞬時に英語で話せるようになります。

ここで重要なのは、ただフレーズを覚えるのではなく、日本語から英語にしながら英文の構造も併せて身につけることです。本書の例文には、英訳する際に必要な「文法ポイント」を添えています。この文法ポイントをもとにして英訳することで、さまざまな構造をした英文の作成能力が向上します。文法ポイントは、特に会話で必要な語順など、主要な文法項目を総合的に網羅しました。文の基本フレームが身につけば、単語を入れ替えることで別の表現も瞬時に英語で話せるようになっていきます。

　この本を繰り返し使って日本語→英語トレーニングを重ねていくと、何度も同じ文に取り組むことになりますので、暗記・暗唱のトレーニングも行えることになります。たとえば海外で生活する日本人が英語を身につける過程では、日常会話や仕事で使う文は何度も使いますので、繰り返し話していくうちに徐々にその文を暗記してフレーズ化していきます（フレーズ化：その文をまとまった意味を表すひとつづきの言葉としてとらえること）。その結果、はじめは時間をかけて考えながら英語を話していたのが、無意識にフレーズが出てくるようになり、最終的には日本語を介在させず話せるようになります。本書のトレーニングでも最初は英作文スキルを磨くように設計されていますが、学習を重ねると英作文のトレーニングから暗記・暗唱のトレーニングに移ることができます。最終的には英語が瞬時に口から出てくるように繰り返しトレーニングしていきましょう。

　なお、本書に掲載している英文は、ネイティブが普段使っているナチュラルな英語を厳選してあります。便利で使用頻度の高い表現をたくさん掲載していますので、ぜひ暗記・暗唱のトレーニングまで実践してください。

　この学習書は私が英会話スクールを 20 年間運営し、アドバイザーとしても長年英語学習者をサポートしてきた経験から、学習者の悩みを直接解決できる（すぐに使える）ものになるように心がけました。本書が皆様の英語力向上のきっかけとなることを心から願っております。

海渡　寛記

CONTENTS

> CHAPTER 1

基本英文法のおさらい

CHAPTER 2

場面別・英語で言うトレーニング

本書の目的と使い方

この本は英会話力を伸ばすための本です

　本書はスピーキング力を伸ばすための学習書です。Chapter 1　基本英文法のおさらい（文法ポイント別）と Chapter 2　場面別・英語で言うトレーニング（シーン別）の２つに分かれています。最初に基本文法をおさらいし、その後さまざまなシーンで使える表現の英作文を繰り返すことで、話す力をグングン伸ばします。

CHAPTER 1　基本英文法のおさらい（文法ポイント別）

　まずは基礎をおさらいして英訳・英文作成の総合力を身につけます。64の文法項目を簡潔にまとめました。項目ごとの文法の説明を読み、例文を見て文の構成を確認しましょう。Chapter 1 に記載されている文の多くは Chapter 2 にも載っていますので、文法ポイントを学んでから Chapter 2 に移ると、復習効果で知識の積み上げに役立ちます。

CHAPTER 2　場面別・英語で言うトレーニング（シーン別）

　このトレーニングで使う例文は、「自分について話す」「日常会話」「仕事」「英語で困ったとき」といった場面で使える内容となっており、64のシーンに分かれています。それぞれのシーンで使用頻度の高い文を集めました。これらの文を英語にすることによって、さまざまな分野の英語を話せるようになります。明日にでも英語が必要！という方は、興味のあるシーンを選び、すぐに役立つ英語を重点的に練習することもできます。

トレーニングから文法の確認に戻ることも可能

　Chapter 2 ではすべて例文の脇に「文法ポイント」を添えてあります。日本語を英語にするトレーニングの際に、文法の理解が難しく感じた場合

は、例文の脇に載っている文法ポイントの番号を確認し、Chapter 1で文法をおさらいしましょう。

丸暗記でも効果を発揮　劇的な速さでアウトプット

　本書では、ネイティブが実際に使っているナチュラルな英語表現を厳選しています。本書で英訳トレーニングをすることで、文章作成能力が向上するだけでなく、何度も続けると例文を暗記することもできます。暗記した英語は、即興で作る英文と比べて劇的な速さで口に出すことができます。本書の例文のうち、実際に使いたいと思った表現は繰り返しトレーニングして暗記してしまいましょう。Chapter 1の文法説明では256の例文を紹介しており、Chapter 2のトレーニングでは448の例文を場面ごとに集めてあります。

CHAPTER 1　基本英文法のおさらい　の学習方法

　各項目の冒頭で簡潔に文法を説明しています。まずはざっくりと説明を読みましょう。その下に4つの例文がありますので、文法ポイントを意識しながら各文の意味を理解します。次に4つの英文を何度か音読してください。最後に英文を見ないでそれぞれの文を暗唱できたら、英文の横のチェックボックスにチェックを入れていきましょう。

　本書では、文法理解よりもスピーキングの向上に重点を置いていますので、文法の細かい説明や例外の解説などは極力省き、わかりやすくシンプルな説明としました。文法はある程度理解できれば結構です。音読を繰り返し、最終的に例文をフレーズ化（→ p. 4）して文を習得します。最初は理解できなかった文法の説明も、フレーズを何度も使ったのちに確認すれば、そこで初めて腑に落ちることもあります。文法を100％理解してからスピーキングを始めるのではなく、50％～70％の理解で走り出し、あと

は繰り返し使って身体で覚えましょう。文法を詳しく理解したい場合は、他の文法書なども読み、知識を深めてください。

Chapter 1で出てくる多くの文はChapter 2でも登場します。ここでしっかりやっておくと、その文とはChapter 2でも改めて出会うこととなり、良い復習になります。Chapter 1で暗唱したはずの英文が思い出せないこともあると思いますが、それはそれで問題ありません。英語は一度では覚えられないものなので、何度も忘れて・何度も覚えるのを繰り返してください。一説によると、意識的学習であればその表現や単語に5回出会うと覚えられるといわれています。一度覚えたことを忘れたからといって凹まずに、繰り返し覚えて習得していきましょう。

CHAPTER 2　場面別・英語で言うトレーニング　の学習方法

　左ページに載っている日本語の文を、英語にするトレーニングです。例文の脇の文法ポイントを見ながら、左ページの日本文を英語で言ってみて、右ページで正解の英文を確認します。正解の英文の下に、○、（○）、△、✕がついた英文を併記しているものもあります。ご自身が作った英文が正解と違っていても、英語としては正しい場合がありますので、その他の表現も確認しておきましょう。

○　：正解の英文とは違うが、英語として正しいもの
（○）：例文の脇の文法ポイントとは違うが、ネイティブが普通に使う英語
△　：最適ではないが（ネイティブはあまり使わない表現だけど）間違っていない英語
✕　：文法的に間違っている、あるいは不適切な英語

　自分で作った英語が正解でも不正解でも、右側のページの正しい文は何度も音読しましょう。最後に、英文を見ないで暗唱できたらその文は終わ

りです。英文の横のチェックボックスにチェックを入れて、次の例文に移りましょう。そうやってすべての文を日本語から英語にするトレーニングを行いましょう。

　すべての英文にチェックが入ったら、今度は Chapter 2 を改めて開き、特に必要となりそうなページを選んで、日本語から英語にできるかどうか確認します（どのページからでも挑戦して構いません）。最終的に「この文はもう覚えた！」と思えたら、左ページの日本文の文頭にあるボックスにチェックを入れ、あとはボックスにチェックの入っていない文をつぶしていくだけです。

　また、なかなか覚えられない文は暗記・暗唱しながら右側のページの余白にたくさん書き込むのもおすすめです。本書はノートを使わずに余白に書き込んで、どんどん使って書き込みを増やしていきましょう。眺めているだけだと学習効果が薄いです。音読して暗唱できるようになったら右側のページの英文のボックスにチェック、この文はもう覚えたと思ったら左側の日本文のボックスにチェック。書き込みながら使うと学習の実感が湧き、進捗が見える化します。そして学習したページとまだ手をつけていないページが一目瞭然になり、「すべてのページに書き込んでこの学習を終わらせたい」というモチベーションがむくむくと湧いてきます。しっかり音読して書き込み、暗唱してトレーニングすることで、使用頻度の高いナチュラルな英文があなたの財産となります。ぜひ頑張ってください！

音声データの無料ダウンロード

本書『英会話のための英作文トレーニング 448』に対応した音声ファイル（mp3 ファイル）を、下記 URL から無料でダウンロードすることができます。ZIP 形式の圧縮ファイルです。

https://www.cm-language.co.jp/books/eisakubun/

本文で紹介している例文の音声（日本語と英語）を収録しました。英語は少しゆっくりしたスピードと、ナチュラルスピードとを聴くことができ、いずれもアメリカ英語のナレーションです。Track マークの番号がファイル名に対応しています。

ダウンロードした音声ファイル（mp3）は、iTunes 等の mp3 再生ソフトやハードウエアに取り込んでご利用ください。ファイルのご利用方法や、取込方法や再生方法については、出版社、著者、販売会社、書店ではお答えできかねますので、各種ソフトウエアや製品に付属するマニュアル等をご確認ください。

音声ファイル（mp3）は、『英会話のための英作文トレーニング 448』の理解を深めるために用意したものです。それ以外の目的でのご利用は一切できませんのでご了承ください。

音声データ を使った学習方法

本書の例文は音声データをダウンロードできますので、音声を使いながら発音やリズム、イントネーションも併せて練習しましょう。

音声には 3 種類あります。

バージョン１は 日本語→無音→英語（１回目）→英語（２回目）**という順番で流れます。**

バージョン２は 日本語→英語**という順番で流れます。**

バージョン３は 英語のみ**流れます。**

　バージョン１と２はどちらも日本語 → 英語と音声が流れるのですが、バージョン１は日本語と英語の間に数秒間のポーズがあります。まず日本語を聞き、数秒間のポーズの間にご自身で英文を作ってください。その後、英語が流れてきますので、ここで答え合わせをします。さらにもう一度英語が流れてくるので、ここでは流れてくる英文と同時に英語を発声しましょう。このバージョン１が一番重要なトレーニングになりますので、自力で作文ができた・瞬時に英語が出るようになったと思えるようになるまで、バージョン１を使って繰り返しトレーニングしてください。

　バージョン２にはポーズがありませんので、こちらは英作文のトレーニングではなく、シャドウイングやオーバーラッピングのトレーニング教材としてお使いください。シャドウイングは英語の音声より少し遅いタイミングで、同じ内容を声に出して追いかけていくトレーニングです。英語の音声のリズムや発音、イントネーションや抑揚を、できるだけ忠実にコピーして発音しましょう。シャドウイングはテキストを見ずに、耳から聞こえてくる音声を自分でも発声します。そのため、リスニング力の向上が期待でき、同時にスピーキング力も養われます。

　オーバーラッピングは、テキストの文を見ながら英語の音声と同時に発声するトレーニングです。英語の音声に合わせて発声するので、自分の発音やイントネーションが英語の音声とどれだけずれているかがシャドーイングより明確にわかります。そのため、発音やイントネーションの向上につながります。

バージョン3は英語だけが流れます。こちらもシャドウイングやオーバーラッピングの教材としてお使いください。英語だけの音声で日本語がありませんので、英語の思考力強化に役立てることができます。バージョン3の音声はバージョン1・2に比べてやや速いナチュラルスピード（ニュースリポーター程度のスピードで、ネイティブ同士の日常会話ほどは速くない）となっています。まずはバージョン1・2で練習を重ね、最後にバージョン3でナチュラルスピードで話せるようにトレーニングしましょう。

CHAPTER 1

基本英文法の
おさらい

まずは基本英文法を使ったさまざまな種類の文を確認して
いきましょう。中には難しい項目があるかもしれませんが、
最初は完璧に理解できなくて構いません。スピーキングのト
レーニングのために、たくさん音読して楽しみながら英文の
語順のパターンを体得していきましょう!

SV

▶ TRACK **1**

英語の文を作るときに必ず必要なものがあります。それは主語（S）と動詞（V）です。「私は歩く」「私は行く」など、動詞の直後にピリオドを打っても意味が成り立つ文は、5文型の中で第1文型といわれています。しかし実際には、SVだけで完結する文は少なく、後ろに前置詞や副詞を続けて「時間・場所・方向」などの詳しい情報を加えることが多いです。

☐ I walk **every day.**
毎日歩いています。

☐ I work **at a bank.**
銀行に勤めています。

☐ I live **in Yokohama.**
横浜に住んでいます。

☐ I sometimes go **to a movie by myself.**
1人で映画を観に行くことがあります。

SVC（be 動詞）

\ **N O T E !** /

be 動詞とは am, is, are などのことで、文の中ではイコール（＝）の役割を果たします。ですので「○○は△△です（○○＝△△）」と表現したい時は○○ is △△という形を作りましょう。この be 動詞を使った文は主語（S）＋ be 動詞（V）＋補語（C）の文となり、第2文型と呼ばれます。

話し言葉では be 動詞は短縮形になることが多いので、聞き取るときには注意しましょう。

☐ I'm a beginner.
私は初心者です。

☐ It's good!
おいしいです。

☐ Kyoto is famous for Kinkaku-ji.
京都は金閣寺で有名です。

☐ It's a small company, and the work is fun.
小さな会社で仕事は楽しいです。

SVC（一般動詞）

▶ TRACK **3**

\ N O T E ! /

前のページでは主語（S）＋動詞（V）＋補語（C）の動詞（V）が be 動詞になっていましたが、動詞（V）が一般動詞（be 動詞以外のすべての動詞）の場合もあり、同じく主語＝補語（S=C）の第 2 文型になります。

第 2 文型でよく使われる一般動詞には次の 3 種類があります。

■状態型
look（〜に見える）、keep（〜のままである）、seem（〜に見える）
■変化型
become, get, turn, go（〜になる）
■感覚型
taste（〜の味がする）、feel（〜の感じがする）、sound（〜に聞こえる）、smell（〜のにおいがする）

☐ That <u>sounds</u> fun.
それは楽しそうですね。

☐ Those <u>look</u> good.
それ、おいしそうですね。

☐ I <u>feel</u> tired.
疲れました。

☐ My friend <u>got</u> drunk.
私の友達は酔っ払いました。

SVO

▶ TRACK **4**

\ **N O T E !** /

主語（S）＋動詞（V）＋目的語（O）の文を第3文型といい、「S（主語）がOをVする」という意味になります。非常によく使われる形です。

第3文型で使う動詞は他動詞です。他動詞の後ろには必ず目的語がつきます。目的語（O）は主に名詞や代名詞ですが、to不定詞や動名詞、節、句などの場合もあります。また、他動詞の目的語の前には前置詞をつけませんので注意しましょう。

多くの動詞は他動詞と自動詞の両方の意味を持ちます。（例：move ＝ 自動詞「動く」、他動詞「〜を動かす」）

□ I like <u>rock music</u>.
ロックが好きです。

□ I do <u>yoga</u> every day.
毎日ヨガをしています。

□ I don't have <u>any hobbies</u>.
無趣味です。

□ We need <u>the documents</u> by the end of this week.
今週末までに書類が必要です。

3

SVC（一般動詞） ｜

4

SVO

21

NO. 5

SVOO

▶ TRACK 5

\ NOTE! /

主語（S）＋動詞（V）＋目的語（O）＋目的語（O）の文を第4
文型といいます。第4文型の動詞は他動詞で、目的語を2つ取
ります。後ろに並ぶ2つの目的語は通常、人→物の順番です。
「SがO（人）にO（物）をVする」という意味になります。
S＋V＋人＋物と覚えると、語順を間違えないと思います。

第4文型でよく使われる動詞は、以下の通りです。
give「与える」、show「見せる」、send「送る」、tell「告げる」、offer「提供す
る」、pay「支払う」、pass「手渡す」、find「見つける・気づく」、buy「買う」、
teach「教える」

☐ **I'll show you my pictures.**
私の写真を見せてあげるよ。

☐ **I'll send you my report.**
報告書を送りますね。

☐ **Can you pass me the salt?**
塩を取ってもらえますか？

☐ **Can I ask you a question?**
（1つ）質問してもよろしいでしょうか？

NO. 6

SVOC

▶ TRACK 6

主語（S）＋動詞（V）＋目的語（O）＋補語（C）の文を第5文型といいます。第5文型の動詞は他動詞で、目的語を1つ取ります。第5文型では補語（C）が目的語（O）について説明する役割を果たし、目的語（O）＝ 補語（C）の関係になります。

第5文型でよく使われる動詞はあまり多くありません。主に次の3種類があります。

■ make 型「O を C にする」
make, get, keep, leave など

■ call 型「O を C と呼ぶ」
call, elect, name など

■ think 型「O を C と考える」
think, believe, find など

☐ That movie made her famous.
その映画で彼女は有名になりました。

☐ Please call me Suya.
スヤ（名前）と呼んでください。

☐ I find this project difficult.
この計画は難しいと思います。
＊ find = 〜がわかる、〜と思う

☐ Did you get your hair cut?
髪を切りましたか？

5

SVOO

6

SVOC

23

There + be 動詞

▶ TRACK **7**

\ **NOTE!** /

「There + be 動詞」は「〜がある、〜がいる」という意味で使います。単数の場合は There is、複数の場合は There are を使いますが、口語では There is を短縮して There's ということが多いので、覚えておきましょう。

疑問文にする場合は、be 動詞を文のはじめに出して Is there 〜？または Are there 〜？という形になります。「〜はありますか？」という意味でよく使う表現です。

☐ There are **four people in my family.**
4 人家族です。

☐ There are **a lot of bars near the station.**
駅の近くにはたくさん居酒屋があります。

☐ Are there **any restaurants near here?**
近くにレストランはありますか？

☐ Is there **someone from the HR Department?**
人事担当の方はいらっしゃいますか？
＊ HR [Human Resources] = 人事

NO. 8

this/that

▶ TRACK 8

\ N O T E ! /

this や that は特定の人や物、語句などを指して、「これ」または「あれ」を表します。具体的な物のほかに、前に述べた事柄を指す場合もあります。また、this ＋○○という形で「この○○」の意味にもなります。

☐ **This** is my favorite book.
これは私のお気に入りの本です。
＊ favorite = お気に入りの

☐ **That**'s a waste of time.
それは時間の無駄です。
＊ waste = 無駄

☐ I'm going to work **this** weekend.
今週末は仕事をする予定です。

☐ Please look at **this** bar graph.
こちらの棒グラフをご覧ください。

7

There＋be動詞

―

8

this/that

25

these/those

▶ TRACK **9**

\ **NOTE!** /

these や those は、複数の人や物、語句などを指して「これら / あれら」という意味を表します。these/those 単体を名詞として使うほか、these/those+ 〇〇という形で「これらの / あれらの〇〇」のように使います。

☐ These are the documents for the meeting.
こちらが会議資料です。
＊ document = 書類、資料

☐ Are these documents yours?
こちらの資料はあなたのですか？

☐ Can you print these documents for me?
これらの書類を印刷してもらえますか？

☐ Those are better than these.
それらはこれらより良い。

26

---

１ 基本英文法のおさらい

２ 場面別・英語で言うトレーニング

NO. 10

過去形

\ N O T E ! /

動詞の「過去形」は、過去の習慣的行動、過去の一時点におけ
る動作、過去の状態を表します。多くの場合、動詞の後に -ed
をつけると過去形となりますが、それ以外の形を取る不規則動
詞もあります。また、過去形の文は過去を表す yesterday や last
year などの副詞を伴うことが多いです。

☐ My father sometimes took me to the movies.
私の父は時々私を映画に連れて行ってくれました。

☐ I graduated from Chuo University.
中央大学を卒業しました。

☐ I went to Chinatown in Yokohama with my family last
Sunday.
先週の日曜日に家族で横浜の中華街に行きました。

☐ Did you brush your teeth?
歯磨きした？

現在進行形

▶ TRACK 11

NOTE!

現在進行形は「be 動詞 + 動詞の ing 形」で、「(今まさに) 〜している」という意味になります。現在進行中の動作を表すときに使います。基本的に、状態を表す動詞（like や want などの動詞）は進行形にすることができないので注意しましょう。

現在形は現在の習慣的行動、現在の状態、一般的な事実や普遍の真理を表すのに対し、現在進行形は現在形で表すことができない「今まさに行っている（進行している）動作」を表します。

☐ **He's looking for a job.**
彼は仕事を探しています。
＊ look for 〜 = 〜を探す

☐ **I'm getting better.**
上達してきました。

☐ **The days are getting shorter.**
日が短くなってきましたね。

☐ **Where are you going?**
どこに行くんですか？

1
基本英文法のおさらい

2
場面別・英語で言うトレーニング

過去進行形

▶ TRACK 12

N O T E !

過去進行形は「be 動詞の過去形 + 動詞の ing 形」で、「(そのとき)〜していた」という意味になります。過去のある時点で進行中だった動作を表すときに使います。

現在進行形の be 動詞の部分を過去形に変えるだけで、過去進行形になります。多くの場合、過去進行形は時を表す when 〜「〜のとき」、at that time「そのとき」、yesterday「昨日」などの言葉と一緒に使われます。

11
現在進行形

12
過去進行形

☐ **She was sleeping when you called her.**
あなたが電話をしたとき、彼女は寝てましたよ。

☐ **We were studying yesterday afternoon.**
昨日の午後、私たちは勉強していました。

☐ **What were you doing at 8 pm last night?**
昨日の夜8時に何をしていましたか?

☐ **I was driving home from work at that time.**
その時間は仕事から車で帰宅するところでした。

現在完了（継続）

▶ TRACK **13**

＼ N O T E ！ ／

現在完了は「have ＋過去分詞」の形を取ります。主語が三人称単数（he, she, it）のときは have を has にします。否定形のときには have/has の後ろに not をつけ、疑問形のときには have/has を文頭に出します。

現在完了には「継続」「完了」「経験」の用法があり、このうち継続用法は、過去に始まった状態が今もずっと続いていることを表します。継続用法では、期間の長さを表すときは for ＋期間の長さを表す語を使い、始まった時期を表すときは since ＋始まった時期を表す語を使って表現します。have ＋過去分詞＋ for/since 〜と覚えてしまいましょう。また How long have you 〜?（どれぐらいの間〜？）の形で期間の長さを尋ねることもできます。

☐ **I've lived** in Tokyo for about 10 years.
東京に住んで約 10 年になります。

☐ **I've been** busy with work recently, so I want to take it easy.
最近仕事が忙しいので、ゆっくりしたいです。
＊ take it easy = ゆっくりする、のんびりやる

☐ **How** have you been?
お元気でしたか？

☐ **It's been** 20 years since this company was founded.
当社は設立から今年で 20 年になります。
＊ found = 〜を設立する

1 基本英文法のおさらい

2 場面別・英語で言うトレーニング

NO. 14

現在完了（完了）

▶ TRACK 14

\ NOTE! /

現在完了「have ＋過去分詞」の完了用法は、「（ちょうど）〜したところだ」「（もう）〜した」の意味を表します。「〜した」というと、過去形のほうがふさわしいようにも思えますが、何かをし終えて、その結果「今がどんな状態なのか」を伝えるのが現在完了です。つまり過去形と違って今の話をしているのです。

完了用法では already「すでに」、yet「もう / まだ」、just「ちょうど」のような語がセットでよく使われます。yet は疑問形のときと否定形のときとで意味が違いますので注意しましょう。疑問形では「もう〜しましたか？」という意味で、否定形では「まだ〜していない」という意味になります。

☐ **I**'ve arrived **at Haneda Airport.**
羽田空港に着きました。

☐ **I**'ve just moved **in.**
引っ越してきたばかりです。
＊ move in = 引っ越す、転入する

☐ **We** haven't decided **yet.**
まだ決めていません。

☐ **Our boss** has already gone **home.**
うちのボスはもう帰りましたよ。

現在完了（経験）

▶ TRACK 15

NOTE!

現在完了「have ＋過去分詞」の経験用法は、「今までに～した ことがある（したことがない）」などを表します。before「以 前に」、never「一度もない」、once「1回」や twice「2回」、 many times「何度も」などの回数を示す語句を伴うことが多い です。

なお、「～に行ったことがある」を表現するときは I have gone to ～ではなく、 I have been to ～といいます。

☐ **I've been** to Paris before.
パリに行ったことがあります。

☐ **Have you ever played** golf?
ゴルフをしたことはありますか？

☐ **She has never played** golf.
彼女はゴルフをしたことがありません。

☐ **She's climbed** Mt. Fuji many times.
彼女は富士山に何度も登ったことがあります。

現在完了進行形

▶ TRACK 16

\ N O T E ! /

現在完了進行形「have been ＋動詞の ing 形」は「ずっと〜している」の意味を表します。現在進行形「be 動詞 ＋ 動詞の ing 形」は今まさに瞬間的に進行していることを表すのに対し、現在完了進行形は過去から現在にかけてずっと（今もなお）長期的に進行中であるイメージです。

She is playing the piano right now.（彼女は今まさにピアノを弾いています）——現在進行形

She has been playing the piano for about 10 years.（彼女はおよそ 10 年ピアノを弾いています）——現在完了進行形

また、現在完了「have ＋過去分詞」の継続用法との違いもご説明しましょう。現在完了の継続は、「状態」が継続することを意味し、主に be, feel, have, know などの状態動詞が用いられます。一方、現在完了進行形の継続は「動作」の継続を表し、wait, play, check, work などの動作動詞が用いられます。

☐ I've been waiting for the bus for 30 minutes.
30 分バスを待っています。

☐ I've been playing the guitar for more than five years.
ギターは 5 年以上弾いています。

☐ I've been checking my email since this morning.
私は今朝からずっとメールをチェックしています。

☐ I've been working here for more than 10 years.
ここに 10 年以上勤めています。

NO. 17

be going to

▶ TRACK 17

\ NOTE! /

「be going to ＋動詞の原形」は未来を表す表現です。be going to には「意図（〜するつもり）」と「予測（〜しそう）」の２つの意味があります。次のページの will がその場で決めた未来について用いられるのに対して、be going to はすでに予定していたことについて用いられます。

また日常会話では、going to の部分を gonna（ガナ）と言うのが一般的です。

例）I'm gonna take tomorrow off. 「明日は休むつもりです」

1 基本英文法のおさらい

2 場面別・英語で言うトレーニング

☐ I'm going to meet my friends from university.
大学のときの友達に会います。

☐ I'm going to travel to Okinawa on my summer vacation.
夏休みは沖縄に旅行に行きます。

☐ I heard that it's going to snow tonight.
今夜は雪が降るそうですね。

☐ Are you going to attend tonight's dinner?
今夜の食事会に参加しますか？

will （意志未来）

▶ TRACK **18**

\ **NOTE!** /

助動詞の will には「意志未来」と「単純未来」の用法があります。「〜する・するつもりだ」という話し手の意志を表す will は、たった今その場ですると決めたことを表すのに用います。

また、will を強く発音すると「必ず〜する」という強い意志を表し、宣言や約束の意味でも用いられます。強い意志を表すときには短縮形（I'll）は使いません。

☐ I'll do it right away.
すぐにやります。
＊ right away = すぐに

☐ I'll call back later.
後でかけ直します。

☐ I'll send you the meeting minutes later.
のちほど議事録を送ります。
＊ minutes = 議事録

☐ I will quit smoking by the end of this year.
今年中に禁煙します。
＊ quit = 〜をやめる

will（単純未来）

▶ TRACK 19

\ NOTE! /

助動詞 will には、自然のなりゆきで起こる可能性のあることについて「〜だろう」という意味を表す単純未来の用法もあります。単純未来は天気や年齢など、話し手の意志で変えることのできない未来（放っておいても訪れる未来）について用います。

be, happen, rain などの動詞とともに使われることが多いです。

疑問文の場合は、will も be going to もほぼ同じ意味で使われることが多いです。

☐ I'll be an hour late.
1 時間遅れます。

☐ It'll rain tomorrow.
明日は雨が降るでしょう。

☐ Will you be in the office tomorrow?
明日はオフィスにいらっしゃいますか？

☐ Will he attend the meeting?
彼は会議に参加予定ですか？

NO. 20

be 動詞＋前置詞

▶ TRACK **20**

\ **NOTE!** /

My birthday is <u>in April</u>.（私の誕生日は４月です）、The interview is <u>at 4</u>.（面接は４時です）のように be 動詞の後ろに前置詞が続く形があります。このような文を文法的にどう解釈するかについてはさまざまな議論がありますが、本書では in April や at 4 などの前置詞句（前置詞＋名詞）を補語ととらえ、SVC（第２文型）と解釈します。be 動詞＋前置詞の形は意外とよく出てきますので覚えておきましょう。

☐ I'm <u>from</u> **Osaka.**
大阪出身です。

☐ The headquarters are <u>in</u> **the US.**
本社はアメリカにあります。
＊ headquarters = 本社（headquarters は必ず s をつけて複数形で使います）

☐ It's <u>on</u> **the right.**
右側にあります。

☐ I'm <u>on</u> **my way to the office.**
オフィスに向かっているところです。
＊ on one's way to = ～に行くところ、～に行く途中

can

▶ TRACK **21**

\ N O T E ! /

can は日常会話でよく使われる助動詞です。基本的な意味は「〜できる」ですが、疑問文の形で Can I 〜？「〜してもいいですか？」と許可を求めたり、Can you 〜？「〜してもらえますか？」と依頼したりするときにも使えます。また、Can you 〜？はカジュアルな依頼の形ですが、Could you 〜？のように過去形の could を使うと丁寧な依頼の形になります。

can には他に、可能性・推量の「〜かもしれない」という意味もあります。

☐ **I can't** hear you.
聞こえません。

☐ **Can** I use your restroom?
お手洗いをお借りしてもいいですか？

☐ **Could** you email us your catalog?
カタログをメールで送っていただけますか？

☐ It's OK. You **can** forget about it.
大丈夫です。忘れてください。

NO. 22

should

▶ TRACK 22

\ NOTE! /

助動詞の should は「〜したほうがいい」という意味で、提案やおすすめを示します。should には must「必ず〜しなければならない」や have to「〜しなければならない」（→ p. 41）のような命令的な強い意味合いはありません。命令度の強さは以下の通りです。

must「必ず〜しなければならない」> have to「〜しなければならない」> should「〜したほうがいい」

should には他に、可能性・推量の「〜のはずだ」「きっと〜だ」という意味もあります。

☐ **You should go to Okinawa!**
沖縄には行ったほうがいいですよ！

☐ **We should go to bed early tonight.**
今夜は早く寝たほうがいいね。

☐ **What should we do to achieve that?**
それを達成するためにはどうすればいいでしょうか？
＊ achieve = 〜を達成する

☐ **What do you think we should do?**
どうすべきだと思いますか？

may

▶ TRACK 23

\ NOTE! /

助動詞の may は「〜してもよい」という許可を表します。You may 〜「あなたは〜してもよい」は、基本的に上の立場の人が許可を与えるときに使われます。また can と同様に、May I 〜？という疑問文の形で「〜してもよろしいですか？」と相手に許可を求めることもできます。May I 〜？は丁寧な表現ですが、やや堅苦しい言い方でもあるので、カジュアルに伝えたい場合は Can I 〜？を使うことが多いです。

may には他に、可能性・推量の「〜かもしれない」という意味もあります。

☐ May I speak to Adam Baker, please?
アダム・ベイカーさんはいらっしゃいますか？

☐ May I have another one?
もう一杯もらえますか？

☐ May I have your name again, please?
もう一度お名前を伺ってもよろしいですか？

☐ May I have an individual meeting with you sometime soon?
近いうちに面談をお願いできませんか？
＊ individual = 個人の、個々の

have to

▶ TRACK 24

have to は「〜する必要がある」「〜しなければならない」という意味で、義務・必要を表します。客観的に見てそうしなければならないという状況を表すときに使われます。助動詞の must も同じく「〜しなければならない」という意味ですが、こちらは話し手の主観や強い意志が含まれ、have to よりも強いニュアンスがあります。また、must は現在時制でしか使えないため、過去や未来での義務を表したいときは have to を使います（過去 had to, 未来 will have to）。

なお、have to の否定文（don't have to）は「〜してはならない」ではなく「〜しなくてもよい」という意味になりますので注意しましょう。「〜してはならない」を表すのは must not です。

☐ **I have to do the laundry.**
洗濯しなきゃ。

☐ **They have to work overtime tonight.**
彼らは今日残業しなければなりません。
＊ work overtime = 残業する

☐ **Do we have to do this now?**
私たちはこれを今やらなくてはいけませんか？

☐ **You don't have to do that.**
それはしなくていいよ。

NO. 25

would

▶ TRACK 25

\ NOTE! /

助動詞のwouldには控えめな希望の意味があり、「would like to
＋動詞の原形」で「〜したいと思う」という意味になります。
主語が I の場合、I would を I'd と短縮することが多いです。

また、would は疑問形で Would you help me?「助けていただ
けませんか？」のように丁寧な依頼を意味します。would は will より確信度が低
いため、相手が実際にやってくれるかどうかはわからないという遠回しなニュア
ンスがあり、Will you help me? よりも謙虚で丁寧な依頼になります。

would は他に、「たぶん〜だろう」という推測、過去の単純未来や意志未来、「〜
したものだった」という過去における習慣、仮定法などでも用いられます。

☐ **Now, I'd like to go into more detail about the project.**
それでは、プロジェクトの詳細を説明したいと思います。
＊ detail = 詳細

☐ **I'd like to see you give your presentation.**
あなたがプレゼンしてるところを見たいですね。

☐ **Would you please open the window?**
窓を開けてもらえませんか？

☐ **I would take a taxi.**
私ならタクシーに乗ります。
＊ この would は仮定法で、If I were you（もし私があなたなら）という条件節が省略
されています。

形式主語の it

▶ TRACK **26**

\ **N O T E !** /

it は「それ」の意味で使われることが多い代名詞ですが、形式的な主語として使われる it もあります。英語では長い主語を避け、文頭をシンプルな構造にすることが好まれます。ですので主語が長いときに、主語の代わりに it を文頭に置き、真の主語を文の後ろに移動させるという使い方をします。文の後ろに来る真の主語は、不定詞句や that 節などであることが多いです。

☐ It's hard for me <u>to explain it in English</u>.
英語で説明するのが難しいです。

☐ It's nice <u>to meet you</u>.
お会いできてうれしいです。

☐ It's clear <u>that we will see good results</u>.
良い結果が出ることは明らかです。
＊ result = 結果

☐ It's difficult <u>to tell you everything</u> when we don't have much time.
限られた時間ですべて伝えきるのは難しいです。

NO.

27

時間、天候、距離を表すit

▶ TRACK **27**

NOTE!

it は、前のページのような形式主語の用法だけでなく、時間や天候、季節、距離、状況などを表す用法もあります。この場合の it も「それ」「その」という意味はありません。

☐ It's a beautiful day.
天気がいいですね。

☐ It's a busy day.
今日は忙しい日ですね。

☐ It's time for last orders.
ラストオーダーの時間です。

☐ It's time to get started.
時間になりましたので開始いたします。

1 基本英文法のおさらい

2 場面別・英語で言うトレーニング

44

NO. 28

所有格

▶ TRACK 28

\ NOTE! /

日本語の文ではあまり人称代名詞の所有格は出てこないのですが、英語では所有格が頻繁に出てきます。具体的には my「私の」、your「あなたの」、her「彼女の」、his「彼の」、our「私たちの」、their「彼らの」などです。英語の文を作るときには、すべての名詞の前に所有格（または a/the などの冠詞）が必要ないか注意するようにしましょう。

☐ Our company's sales target this year is 100 billion yen.
今年の当社の売上目標は 1000 億円です。

☐ It's your turn.
あなたの番ですよ。

☐ I apologize for my late reply.
返答が遅くなり、申し訳ありません。

☐ I usually spend my days off with my family.
休みの日はたいてい家族と過ごしています。
※ day off = 休日

可能性・推量の助動詞

▶ TRACK **29**

\ **NOTE!** /

以下の助動詞は、可能性や推量の度合いを表現することができます。
・can, could, may, might「〜はありうる」「〜かもしれない」
・will, would「たぶん〜だろう」
・must「〜に違いない」
・cannot「〜のはずがない」
・should「〜のはずだ」「きっと〜だ」

助動詞を使った可能性・推量の表現は、主に話し手の個人的な判断、確信を述べる場合に使われます。また、助動詞は過去形になると可能性が下がります。つまり can や may よりも could や might のほうが度合いが低くなります。

☐ There should be a better way.
もっと良い方法があるはずです。

☐ You must be Dean.
あなたがディーンさんですね?

☐ It might be a good idea.
それは良いアイデアかもしれませんね。

☐ That can't be true.
そんなわけないでしょう。

NO. 30

動名詞

▶ TRACK **30**

\ N O T E ! /

動名詞とは、動詞の ing 形で、名詞として「〜すること」という意味を表します。日本語でも「走る」という動詞に「こと」をつけて「走ること」とするように、英語では動詞に ing をつけると名詞のように使うことができます。

☐ I like reading books.
読書が好きです。

☐ I love listening to music.
音楽を聴くのが（すごく）好きです。

☐ I'm good at playing the piano but bad at singing.
ピアノは得意ですが、歌が下手です。
＊ be good at ＋ 動詞の ing 形 ＝ 〜するのがうまい・得意である、
be bad at ＋ 動詞の ing 形 ＝ 〜するのが下手だ・苦手である

☐ I look forward to seeing you again.
またお会いすることを楽しみにしています。
＊ look forward to 〜の to は前置詞なので、後に名詞もしくは動名詞が続きます。

29
可能性・推量の助動詞

30
動名詞

Do ~?

▶ TRACK **31**

\ **NOTE!** /

一般動詞（be 動詞以外）の文を疑問文にするときは、文のはじめに助動詞の Do（Does）を持ってきて、文末にはクエスチョンマークを使います。

I play soccer at the park.「私は公園でサッカーをします」
→ Do you play soccer at the park?「あなたは公園でサッカーをしますか？」

☐ **Do** you play any instruments?
何か楽器は弾けますか？
＊ instrument = 楽器、道具、器具

☐ **Does** that make sense?
伝わってますか？
＊ make sense = 筋が通る

☐ **Do** you have this in other colors?
これの色違いはありますか？

☐ **Do** you have any questions?
何か質問はありますか？

What is/are ～?

▶ TRACK **32**

「○○は何ですか？」と聞きたいとき、疑問詞 what と be 動詞を組み合わせて What is/are ～? という疑問文にします。○○が1つの場合は What is ～?、○○が複数の場合は What are ～?を使います。口語では What is を短縮して What's ということが多いので、覚えておきましょう。

☐ What's **your favorite country?**
一番好きな国はどこですか？

☐ What's **the deadline?**
締切はいつですか？

☐ What are **the pros and cons?**
メリットとデメリットは何でしょうか。
＊ pros and cons = 良い点と悪い点

☐ What's **another possible problem?**
他に起こりうる問題は何ですか？

NO. 33

疑問詞 what

▶ TRACK 33

\ NOTE! /

「何が〜？」「何を〜？」を尋ねる疑問詞です。主語（何が）を尋ねる疑問文では主語の代わりに What を入れ、文末にクエスチョンマークをつけるだけで疑問文が完成します。目的語を尋ねる一般動詞の疑問文では What の後ろに do/does の疑問文を続けます。また、What ＋名詞 〜? で「どんな〜？」、What kind of ＋名詞 〜? で「どんな種類の〜？」と尋ねることができます。

□ **What brought you to Japan?**
日本に来た理由は何ですか？
＊ 主語を尋ねる疑問文です。

□ **What do you do in your free time?**
休みの日は何をしていますか？
＊ 目的語を尋ねる疑問文です。

□ **What kind of movies do you like?**
どんな映画が好きですか？

□ **What kind of whiskey would you like?**
どんなウイスキーがいいですか？

1 基本英文法のおさらい

2 場面別・英語で言うトレーニング

疑問詞 when

▶ TRACK **34**

＼ NOTE! ／

「いつ〜？」を尋ねるときに使われる疑問詞です。「〇〇はいつですか？」と聞く場合は When is 〇〇？と聞きましょう。「いつ〜しますか？」と聞く場合は When の後ろに do/does の疑問文を続けますので、「あなたはいつ〜しますか？」と聞きたいときには When do you 〜? のように聞きましょう。

☐ When's the next meeting?
次回の会議はいつでしょうか？

☐ When do you usually have dinner?
通常は何時頃に晩ごはんを食べますか？

☐ When did you get a new laptop?
いつ新しいノート PC を買ったの？
＊ lap = ひざ（ひざに乗せられるサイズであることから laptop と呼ばれます）

☐ When did the pain start?
その痛みはいつからですか？

疑問詞 where

▶ TRACK 35

\ NOTE! /

「どこ〜？」と場所を尋ねるときに使われる疑問詞です。「○○はどこですか？」と聞く場合は Where is ○○？と聞きましょう。「どこで（どこを）〜しますか？」と聞く場合は Where の後ろに do/does の疑問文を続けますので、「あなたはどこで（どこを）〜しますか？」と聞くときは Where do you 〜? というように聞きましょう。

☐ **Where do you live?**
お住まいはどちらですか？

☐ **Where do you recommend traveling?**
旅行におすすめの場所はありますか？
＊ recommend ＋ 動詞の ing 形 ＝ 〜することを勧める

☐ **Where's the nearest station?**
最寄りの駅はどこですか？

☐ **Where are you from?**
ご出身はどちらですか？

基本英文法のおさらい

1

場面別・英語で言うトレーニング

2

NO. 36

疑問詞 which

▶ TRACK 36

\ NOTE! /

「どれ〜？」「どちら〜？」を尋ねる疑問詞です。選択肢がいくつかあり、その中のどれなのかを知りたいときに使います。「どちらが○○ですか？」と聞く場合は Which is ○○？と聞きましょう。「どちらを〜しますか？」と聞く場合は Which の後ろに do/does の疑問文を続け、Which do you 〜？「あなたはどちらを〜しますか？」というように聞きましょう。

主語を尋ねるときは文のはじめに主語の代わりに Which や Which ＋名詞を置きます。
また Which ＋名詞 〜？は「どの〜？」「どちらの〜？」という意味になります。

☐ Which do you prefer, traveling abroad or traveling in Japan?
日本国内の旅行と海外旅行、どちらが好きですか？

☐ Which do you think is faster?
どちらが速いと思いますか？

☐ Which train should I take?
どちらの電車に乗ればいいですか？

☐ Which floors have vending machines?
自動販売機はどの階にありますか？

疑問詞 who

▶ TRACK **37**

\ NOTE! /

「誰〜？」を尋ねる疑問詞です。「誰が〇〇ですか？」と聞く場合は Who is 〇〇？と聞きましょう。「誰を（誰に）〜しますか？」と聞く場合は Who の後ろに do/does の疑問文を続け、Who do you 〜?「あなたは誰を（誰に）〜しますか？」というように聞きましょう。

主語を尋ねるときは文のはじめに主語の代わりに Who を置きます。

☐ **Who wants to order something?**
何か頼む人？
＊主語を尋ねる疑問文。

☐ **Who's the person in charge?**
誰が担当者なんですか？
＊in charge = 監督、管理、担当する（人）

☐ **Who do you like?**
あなたは誰が好きですか？

☐ **Who did you meet at the station?**
あなたは駅で誰に会いましたか？

疑問詞 whose

\ **N O T E !** /

「誰の〜ですか？」を尋ねる疑問詞です。「これは誰のですか？」を聞く場合に Whose is this? と聞くこともできますが、Whose pen is this?「このペンは誰のですか」のように、Whose の後に名詞のついた疑問文のほうが多いです。

☐ Whose **idea is this?**
これは誰のアイデアですか？

☐ Whose **bag is that?**
あの鞄はどなたのですか？

☐ Whose **beer is this?**
このビールは誰の？

☐ Whose **documents are these?**
これらの資料は誰のですか？

NO. **39**

What time ～?

When ～? が漠然と時期を尋ねるのに対して、What time ～?は「何時～？」を意味し、正確な時刻を尋ねるときに使われます。たとえば What time is it now? は「今、何時ですか？」という意味になります。これに答える場合は主語に It を使って、It's 2 pm.「午後 2 時です」のように言います。

☐ **What time do you get up every day?**
毎日何時に起きますか？

☐ **What time will you go home?**
何時に帰りますか？

☐ **What time is it in New York now?**
ニューヨークは今、何時ですか？

☐ **What time does the opening ceremony start?**
開会式は何時からですか？

NO. 40

疑問詞 ＋ to 不定詞

\ N O T E ! /

「疑問詞（what/who/when/where/which/how）＋ to 不定詞
（to ＋動詞の原形）」で、「～すべき」という意味になります。
たとえば、Please teach me how to swim.「私に泳ぎ方（ど
う泳ぐべきか）を教えてください」や Do you know where to
put these boxes?「あなたはこれらの箱をどこに置く（べき）かわかりますか」
といったものです。

☐ **I don't know how to explain it.**
どう説明したらいいかわかりません。

☐ **I want to learn how to play the guitar.**
ギターが弾けるようになりたいです。

☐ **I don't know who to ask about this issue.**
この問題について誰に聞いたらいいのかわかりません。

☐ **I don't know what to say.**
なんて言ったらいいかわかりません。

接 続 詞

▶ TRACK **41**

\ N O T E ! /

and, or, but などの接続詞は、単純に文と文をつなぐ役割を果たしますが、接続詞の中でも because, when, if, before, after, until などはメインの文と補足説明の文をつなぎます。（これらの接続詞を従属接続詞と呼びます）

☐ I want to travel abroad, but I don't have enough money for it.
海外に行きたいんですが、お金がないんですよ。

☐ It would be really helpful if you could do it by the end of the day.
今日中にやってもらえると助かります。

☐ Please wait until we receive approval.
承認が下りるまで待ってください。
＊ until = 〜までずっと（until は継続を表しますが、by は「〜までに」という期限を表します）

☐ That area is popular among young families because there are helpful support services when raising a child.
その地域は子育てに便利なので、子どものいる家族に人気があります。

that 節

▶ TRACK **42**

\ **NOTE!** /

that は、続く文を名詞に変えることができ、「〜ということ」または「〜と」の意味になります。
例）I think (that) he is honest.「彼は正直だと思う」
主語と動詞が揃っているものを節と呼ぶことから、that が導く文を that 節と呼びます。
なお、会話では that 節の that はしばしば省略されます。

☐ **I don't think** (that) I'm good.
うまくはないんですけどね。

☐ **I'm sorry** (that) I'm late.
遅れてすみません。

☐ **He told me** (that) the meeting will start late.
彼は会議が遅れて始まると私に言いました。

☐ **I'm afraid** (that) I have other plans that day.
あいにくその日は別の予定があります。

when 節

▶ TRACK **43**

1

基本英文法のおさらい

\ N O T E ! /

when 節は「〜するとき」という意味を表します。when I was a student「私が学生のときに」や when I got home「帰宅したときに」などのように使います。疑問詞の when と勘違いして「いつ」と解釈しないようにしましょう。

☐ When I was a child, **I played basketball.**
子どもの頃はバスケをしていました。

☐ **I used to play baseball** when I was in high school.
高校生のときに野球をやっていました。

2

場面別・英語で言うトレーニング

☐ When I woke up, **it was already eleven o'clock.**
起きたらすでに 11 時でした。
＊ wake up = 目が覚める（get up = 起きる）

☐ **He works very hard** when the boss is around.
彼は上司が近くにいるときはよく働きます。
＊ hard = 熱心に、一生懸命に（hardly は「ほとんど〜ない」の意味）

used to

NOTE!

used to は「used to ＋動詞の原形」で、「かつてはよく～した ものだ」「以前は～だった」という過去の習慣や過去の状態など を表します。現在はその習慣や状態がないという場合に用いら れます。

used to の発音はユーズドトゥではなくユーストゥとなりますので、気をつけま しょう。

☐ I used to live in Utsunomiya.
以前は宇都宮に住んでいました。

☐ I used to work in the Sales Department.
以前は営業部にいました。

☐ There used to be a building here.
かつてここにはビルがありました。

☐ Did you use to study English?
以前は英語を勉強していましたか？

Let's

▶ TRACK **45**

\ **NOTE!** /

「Let's ＋動詞の原形」で「〜しましょう」という提案や勧誘を表します。Let's はもともと Let us が短縮された形ですが、ここでは必ず Let's という短縮形を使います。また否定形は Let's not ＋動詞の原形で「〜しないようにしましょう」という意味になります。

☐ Let's take a break.
休憩しましょう。

☐ Let's talk about the project.
プロジェクトについて話しましょう。

☐ Let's move on to the next topic.
次の議題に移りましょう。

☐ Let's go drinking one of these days.
そのうち飲みに行きましょう。
＊ one of these days = 近いうちに

NO. 46

Let me

▶ TRACK **46**

\ **NOTE!** /

「Let me ＋動詞の原形」で「私に〜させて」という申し出を表します。I will でも「〜します」と伝えることができますが、それよりも丁寧でやわらかい印象があり、よく使われる表現です。いろんな会話で頻出する形で、とても便利です。

☐ Let me think about it.
考えさせてください。

☐ Let me tell you a little bit about myself.
簡単に自己紹介させていただきます。

☐ Let me check and get back to you.
確認して折り返しご連絡します。

☐ Let me give you some examples.
いくつか例を挙げます。

45 Let's ｜ 46 Let me

受動態

▶ TRACK **47**

NOTE!

「be 動詞 + 過去分詞」の形で、「〜される（された）」という受け身（受動態）の意味を表します。

例）The car was stolen last night.「その車は昨夜盗まれました」

「〜によって」という場合には、通常 by 〜を使いますが、by 〜が省略されることもあります。また、以下の 4 つめの例文の with wasabi のように by 以外の前置詞が使われることもあります。

☐ **Do what you're told.**
言われたことをやりなさい。

☐ **The flight is delayed due to bad weather.**
フライトは悪天候により遅延しています。

☐ **Please take a look at the documents that were distributed.**
配布した資料をご覧ください。
＊ distribute = 〜を配る、分配する

☐ **Sushi is eaten with wasabi.**
お寿司はわさびと一緒に食べます。

過去分詞修飾

▶ TRACK **48**

＼ N O T E ! ／

過去分詞は「〜された○○」というように名詞を説明することができます。過去分詞が 1 語で修飾（説明）するときは、基本的に名詞の前に置きます。たとえば iced tea や used car などのような使い方です。過去分詞を含む 2 語以上のまとまりで修飾するときは、名詞を後ろから修飾します。（下の 4 つ目の例文では car を後ろから修飾しています）

☐ I have a <u>dog</u> named **Kuro**.
クロという名前の犬を飼っています。
＊ 名詞 dog を後ろから修飾しています。

☐ This is a foreign-owned **company**.
ここは外資系の会社です。
＊ 名詞 company を前から修飾しています。

☐ I have a used **car**.
私は中古車を持っています。
＊ 名詞 car を前から修飾しています。

☐ I have a <u>car</u> once owned **by a famous actor**.
私はかつて有名な俳優が所有していた車を持っています。
＊ 名詞 car を後ろから修飾しています。

how

▶ TRACK **49**

NOTE!

「どうやって〜？」「どのように〜？」を尋ねる疑問詞の how です。what が「何」を尋ねる疑問詞なのに対して、how は「どう、どのように」を尋ねる疑問詞だと考えるとよいでしょう。
how は他に、How fast he runs!「彼はなんて速く走るのでしょう」のように感嘆詞として使われる場合や、This is how it works.「これはこのように機能します」のように関係副詞（→ p. 78）として使われることもあります。

（→ p. 78）

- [ ] How was your weekend?
  週末はどうでしたか？

- [ ] How's the project going?
  プロジェクトは順調ですか？

- [ ] How do you like Japan?
  日本はいかがですか？

- [ ] How can I get to Terminal B from here?
  ここから B ターミナルへはどのように行けばいいですか？

基本英文法のおさらい

場面別・英語で言うトレーニング

How ＋形容詞・副詞 ～?

＼ N O T E ! ／

「どれほど～？」「どれくらい～？」と程度を聞くとき、「How ＋
程度を表す形容詞や副詞（many/much/long/often など）～?」
で、数量や長さ、頻度などについて尋ねることができます。

☐ How much is this?
これはいくらですか？

☐ How long does it take to get there?
そこに行くのにどれくらい時間がかかりますか？

☐ How far is it to the nearest station?
最寄りの駅まではどれくらい離れてますか？

☐ How many copies of the report do you need?
報告書は何部必要ですか？

49
how
｜
50
How ＋形容詞・副詞 ～?

NO. 51

命令文

▶ TRACK **51**

1 基本英文法のおさらい

2 場面別・英語で言うトレーニング

\ **NOTE!** /

命令文は相手に命令・依頼・お願いするときの文で、文頭に主語をつけず、動詞の原形から始めます。否定文の場合は一般動詞・be 動詞どちらの場合も文頭に Don't をつけます。命令文は命令するときにだけ使う強い表現と思われがちですが、言い方や関係性によっては親近感のあるフレンドリーな表現にもなります。

☐ **Don't talk with your mouth full!**
食べながら話さないで！

☐ **Say hi to your family for me.**
ご家族によろしく。

☐ **Turn off the TV.**
テレビを消して。
＊ turn off 〜 = （電気器具）を消す、切る

☐ **Please don't be late for the presentation.**
プレゼンに遅れないでください。

68

to 不定詞 （副詞的用法）

▶ TRACK 52

\ NOTE! /

to 不定詞は「to ＋動詞の原形」の形を取り、「副詞的用法」「形容詞的用法」「名詞的用法」の 3 種類があります。このうち副詞的用法の to 不定詞にはさまざまな使い方がありますが、代表的なものは「〜するために」（目的）という使い方です。その他に、「〜して」と感情の原因を示す使い方や、直前の形容詞に説明を加える使い方などがあります。

☐ I went to Ebisu to meet my friend.
友達に会いに恵比寿に行きました。
＊ to 不定詞は「〜するために」（目的）を表します。

☐ Sorry to keep you waiting.
お待たせして申し訳ありません。
＊ to 不定詞は「〜して」（感情の原因）を表します。

☐ We're ready to order now.
注文いいですか？（注文の準備ができました）
＊ to 不定詞は直前の形容詞 ready に説明を加えています。

☐ I want to go to Egypt to see the pyramids.
エジプトに行ってピラミッドを見たいです。
＊ to 不定詞は「〜するために」（目的）を表します。

to 不定詞（形容詞的用法）

▶ TRACK **53**

\ **NOTE!** /

to 不定詞の形容詞的用法は、直前の名詞に「〜するための」「〜すべき」という説明を加えます。下の例文のように、topics to discuss「議論すべきトピック」、a good place to live「住むための良い場所」という使い方をします。

☐ There's <u>so much</u> to learn.
学ぶことがたくさんあります。

☐ I have <u>plans</u> to meet my boyfriend this weekend.
週末は彼と会う予定です。

☐ Are there <u>any important topics</u> to discuss at the meeting?
この会議で議論する重要なトピックは何かありますか？

☐ I live far from the center of Tokyo, but the area is <u>a good place</u> to live.
都心からは遠いですが、住むには良いところです。

NO. 54

to 不定詞 (名詞的用法)

▶ TRACK 54

\ N O T E ! /

to 不定詞の名詞的用法は、「～すること」「～であること」という意味を持ちます。下の例文のように trying to lose weight「体重を落とすことを試みている」、want to buy a house「家を買うことを望む」という使い方をします。

下の 4 つめの例文の形式主語の it で始まる文では、不定詞以下の to reach the target「その目標を達成すること」が真の主語になります。(→ p. 43 参照)

☐ **My first goal is to get used to my job.**

まずは仕事に慣れることが目標です。

＊ get used to ＋ 名詞 / 動詞の ing 形 ＝ ～ (するの) に慣れる

☐ **I'm trying to lose weight.**

体重を落とそうとしています。

☐ **I want to buy a house by the time I'm 40.**

40 歳までに家を買いたいです。

☐ **It won't be easy to reach the target.**

その目標を達成することは簡単ではない。

53
to 不定詞 (形容詞的用法)

54
to 不定詞 (名詞的用法)

間接疑問文

▶ TRACK 55

\ NOTE! /

Who is he?「彼は誰ですか？」のような疑問文を直接疑問文といいますが、I don't know who he is.「彼が誰なのかを私は知らない」のように疑問文を文の一部として用いているものを間接疑問文といいます。間接疑問文のときは、疑問詞の後の主語と動詞は倒置しないことに注意しましょう。

◯ I don't know who he is.

✕ I don't know <u>who is he</u>.

☐ **Do you know** where the nearest post office is?
一番近くの郵便局がどこにあるか知っていますか？

☐ **Let me know** when you'll be able to finish it by.
いつ頃までにできそうか教えてください。

☐ **Will you please tell Emily** where the meeting room is?
エミリーに会議室の場所を伝えてもらえますか？

☐ **Could you tell me** what you think about my presentation?
私のプレゼンについてどう思うか教えてもらえますか？

NO. 56

最上級

▶ TRACK 56

最上級は３つ以上の物や人を比べて、「…の中で一番〜である」というときに使う表現です。形容詞や副詞の形を変化させて、「一番〜」の意味を表します。形容詞や副詞の形の変化には、決まったルールを当てはめる「規則変化」と、元の単語とは異なる単語に変化させる「不規則変化」があります。
規則変化では語尾に -est をつけるか、前に most をつけます（短い単語は語尾に -est をつけ、６文字以上の単語は前に most をつける傾向があります）。
不規則変化には good → best や bad → worst などがあり、１つひとつ覚える必要があります。また、形容詞の最上級の前には冠詞の the をつけます（副詞の最上級にはつけないこともあります）。

☐ It's the best action movie.
最高のアクション映画です。

☐ What's the best way to get there?
そこに行くには何が一番良い方法ですか？

☐ What's the earliest day you can visit?
訪問できる最短の日はいつですか？

☐ Setagaya Ward has the largest population out of Tokyo's 23 wards.
世田谷区は 23 区で一番人口が多いです。
＊ ward = 区（city は「市」）

NO. 57

比較級

▶ TRACK 57

NOTE!

比較級は人や物を比べて、「A は B よりも～である」というとき に使う表現です。比較級の文の基本的な形は「A is ＋形容詞／ 副詞＋ than B」で、形容詞・副詞が変化します。規則変化では 語尾に -er をつけるか、前に more をつけます（短い単語は語 尾に -er をつけ、6 文字以上の単語は前に more をつける傾向があります）。

不規則変化には good → better や bad → worse などがあり、1 つひとつ覚える 必要があります。

「～よりも」というときに than ～をつけますが、比較対象を明示しないときは than ～をつけないこともあります。

☐ **Please say that again more slowly.**
　もう一度ゆっくり言ってください。

☐ **Will you arrive earlier than your boss?**
　あなたの上司よりも先に到着しますか？

☐ **I want to be better at English.**
　もっと英語がうまくなりたいです。

☐ **Could you say that in simpler terms?**
　簡単な言葉で言ってもらえますか？

関係代名詞（主格）

\ **N O T E !** /

出てきた単語を後に続く文で説明するときに関係代名詞を使います。下の1つめの例文では、This is a local train の a local train「普通電車」を説明するために、「その電車というのは」という意味合いで which という関係代名詞を入れ、「沿線の各駅に止まります」の stops at all of the stations on the line を続けて説明を後づけしています。which stops at all of the stations on the line の中で which が主語の役割をしているので、主格の関係代名詞と呼びます。

主格の関係代名詞には who, which, that があり、説明される名詞が人のときは who、人以外のときは which を使います。that は、人にも人以外にも使えます。（関係詞の前の説明される名詞のことを先行詞といいます）

☐ This is <u>a local train</u> <u>which</u> stops at all of the stations on the line.
この電車は普通電車で沿線の各駅に止まります。

☐ Is that <u>the bus</u> <u>that</u> goes to the airport?
あれは空港に行くバスですか？

☐ <u>The French guy</u> <u>who</u> works in the Sales Department will retire next month.
営業部のフランス人の男性社員が来月退職します。

☐ Is there <u>someone</u> <u>who</u> can speak Japanese?
日本語が話せる人はいますか？

関係代名詞（目的格）

▶ TRACK 59

NOTE!

出てきた単語を後に続く文で説明するときに関係代名詞を使います。下の1つめの例文では、the teacher「先生」を説明するために「その人というのは」という意味合いで who/whom という関係代名詞を入れて、「私が一番好きな」の I like the best を続けて説明を後づけしています。who I like the best の中で who が目的語の役割をしているので、目的格の関係代名詞と呼びます。人を表す目的格の関係代名詞は whom ですが、whom は書き言葉以外ではほとんど使われず、代わりに who を使います。また、一般的には目的格の関係代名詞は省略されます。

基本英文法のおさらい

場面別・英語で言うトレーニング

☐ Molly is <u>the teacher</u> (who/whom) I like the best.
モリーは私が一番好きな先生です。

☐ <u>The train</u> (that) I got on today was not crowded.
今日私が乗った電車はすいてました。

☐ That's <u>all</u> (that) I need.
必要なものはこれだけです。

☐ Is that <u>the movie</u> (that) Tom Cruise is in?
それはトム・クルーズが出てる映画ですか？

NO. 60

関係代名詞 what

▶ TRACK 60

\ NOTE! /

関係代名詞の what は、「what ＋主語＋動詞」で「○○が△△
すること」を表します。what you mean で「あなたがおっしゃ
ること」、what I was about to explain で「私が説明しようと
していたこと」の意味になります。

☐ I see <u>what you mean</u>.
おっしゃることはわかります。

☐ That's not <u>what I mean</u>.
そういう意味ではありません。

☐ <u>What you said</u> was incorrect.
あなたの言ったことは間違っています。

☐ That's <u>what I was about to explain</u>.
それはこれから説明しようとしていたことです。
＊ be about to ＋動詞の原形 ＝（今にも）～しようとしている

59
関係代名詞（目的格）

—

60
関係代名詞 what

77

関係副詞

▶ TRACK **61**

\ N O T E ! /

出てきた単語を後に続く文で説明するときに、前のページで説明した関係代名詞と同じように関係副詞（where, when, why, how など）も使うことができます。

たとえば下の2つめの例文では、The neighborhood「地域」を説明するために、「その場所というのは」という意味合いで where という関係副詞を入れ、「私が住んでいる」という意味の I live を続けて説明を後づけしています。説明をされる単語が場所を表す場合は where、時を表す場合は when、理由を表す場合は why を使います。関係副詞の前の単語（先行詞）は省略することがあり、関係副詞を省略することもあります。また、how は先行詞を取りませんので注意しましょう。

- [ ] Friday is <u>the day</u> (when) <u>we can dress casually</u>.
  金曜日は、カジュアルな服装ができる日です。

- [ ] <u>The part of town</u> <u>where</u> <u>I live</u> is a quiet residential area.
  私が住んでる所は閑静な住宅街です。

- [ ] I don't understand <u>(the reason)</u> <u>why he doesn't have a girlfriend</u>.
  彼に彼女がいない理由がわかりません。

- [ ] This is <u>how we'll organize the submitted reports</u>.
  提出されたレポートはこのように整理していきます。
  ＊ submit = 〜を提出する

NO. 62

too ~ to ...

▶ TRACK 62

「too ＋形容詞・副詞＋ to ＋動詞の原形」で「…するには〜す
ぎる」「〜すぎて…できない」という意味を表現することができ
ます。not はつきませんが、否定の意味になるので要注意です。

☐ **Is it too far to walk?**
歩くには遠すぎますか？

☐ **The coffee was too hot to drink.**
コーヒーが熱すぎて飲めませんでした。

☐ **They're too busy to meet you today.**
彼らはあまりに忙しくて今日あなたに会うことができません。

☐ **My daughter was too short to ride the rollercoaster.**
娘は小さすぎてジェットコースターに乗れませんでした。
＊ rollercoaster ＝ ジェットコースター

61
関係副詞

62
too〜to…

79

NO. 63

so ~ that ...

▶ TRACK 63

NOTE!

「so ＋形容詞・副詞＋ that ＋主語＋動詞」で「とても〜なので…である」と表現することができます。so の直後には形容詞・副詞を置き、それが理由で起こることを that 以下で説明します。つまり前半部分が原因で、that 以下の後半部分が結果を表します。that の後ろは主語（S）＋動詞（V）の形を取ります。

☐ The train was so crowded that I couldn't sit down.
電車がとても混んでいたので座れませんでした。

☐ She worked so hard that she finished the project
quickly.
彼女は一生懸命働いてプロジェクトを早く終わらせました。

☐ The movie was so boring that I fell asleep.
その映画はとてもつまらなかったので寝てしまった。

☐ She can swim so fast that she won the race.
彼女はとても早く泳げるので、レースに勝ちました。

1 基本英文法のおさらい

2 場面別・英語で言うトレーニング

NO. 64

~ enough to ...

NOTE!

「形容詞・副詞＋ enough to ＋動詞の原形」で「十分に〜なので…だ」「…するのに足りるほど〜だ」を表します。否定文では「not ＋形容詞・副詞＋ enough to ＋動詞の原形」で、「…するほど〜（十分）ではない」という意味になります。

☐ He is good enough to be a professional musician.
彼なら十分プロミュージシャンになれます。

☐ This table is large enough to seat eight people.
このテーブルは 8 人が座るのに十分な大きさです。
＊ seat = 〜人分の席がある

☐ My daughter is not old enough to drive.
私の娘は車を運転する年齢に達していません。

☐ He isn't kind enough to help me.
彼は私を助けてくれるほど親切ではない。

英会話で最初に取り組むべきトピックとは？

英会話初心者の方が最初にマスターすると便利なトピックは、ずばり「自己紹介」です。ビジネス・プライベートに関わらず、外国人の方と会って初めて話す内容は自己紹介になるケースがほとんどだと思いますので、まずはそこから取り組んでみてください。本書でも Chapter 2 に「自己紹介」「趣味」「目標について話す」「自社について」などのテーマで例文を紹介していますので、それらを使って、ご自身のことを英語で書き出してみましょう。

As for my job,「仕事に関しては」や On my days off,「休みの日には」といった語句を入れると、話のつなぎ目がより自然になります。こうしてまとめた自己紹介は、暗記するまで何度も音読しましょう。すると、自己紹介だけは文を頭の中で組み立てなくてもすらすら言葉が出てくる状態になり、これがペラペラへの第一歩となります。

実際の会話では相手が「趣味は映画鑑賞なんだね。どんな映画が好き？」などと質問してくることもあります。その質問に対して、準備をしていなければパッと答えられないかもしれません。そこで今度はこの経験を踏まえて、ご自身の好きな映画について話せるようにさらに英文を作り、覚えるまで音読・暗記・暗唱を繰り返し、「どんな映画が好き？」という質問に答えられるようにします。こうして何度も自己紹介のブラッシュアップを重ねると、そこから派生する話題についても準備ができるようになり、さまざまな話題に対応できるようになっていきます。

皆さんも自己紹介を突破口として、話せるトピックをどんどん広げてみてくださいね。

CHAPTER 2

場面別・英語で言う
トレーニング

Chapter 2 は言いたいことがすっと英語で言えるようにな
るための実践的なトレーニングです。 さまざまなシーンで流
暢に英語を話せる自分を想像しながら楽しく取り組んでみて
ください。 難しい英文があったら、 「文法ポイント」をチェッ
クして、 Chapter 1 でおさらいしましょう。 Chapter 2 で
は興味のある場面や、 使えそうな例文が載っているページか
ら取り組んでも構いませんので、 自分のペースで続けていき
ましょう!

自分について話す

自己紹介 (1)

▶ TRACK 65

基本英文法のおさらい 1

場面別・英語で言うトレーニング 2

文法ポイント

NO. 2 SVC（be 動詞）	☐ 私はエンジニアです。
NO. 2 SVC（be 動詞）	☐ 私は営業担当です。
NO. 1 SV	☐ 銀行に勤めています。
NO. 1 SV	☐ IT 業界で働いています。
NO. 16 現在完了進行形	☐ 経理として 3 年働いています。
NO. 16 現在完了進行形	☐ ここに 10 年以上勤めています。
NO. 44 used to	☐ 以前は営業部にいました。

Introducing myself (1)

	文法ポイント

☐ I'm an engineer.

NO. 2
SVC (be 動詞)

☐ I'm a sales rep.
　　＊ rep [representative] = 担当者、代表者

NO. 2
SVC (be 動詞)

☐ I work **at a bank.**
　　○ I work for a bank.

NO. 1
SV

☐ I work **in the IT industry.**

NO. 1
SV

☐ I've been working **as an accountant for three years.**
　　(○) I've worked as an accountant for three years.

NO. 16
現在完了進行形

☐ I've been working **here for more than 10 years.**
　　(○) I've worked here for more than 10 years.

NO. 16
現在完了進行形

☐ I used to **work in the Sales Department.**
　　＊ used to ＋動詞の原形 = かつては〜していた（「be used to ＋ 動詞の ing 形 = 〜するのに慣れている」なので注意）

NO. 44
used to

85

自己紹介（2）

▶ TRACK 66

文法ポイント

| NO. 20 be 動詞＋前置詞 | ☐ | 大阪出身です。 |

| NO. 1 SV | ☐ | 横浜に住んでいます。 |

| NO. 13 現在完了（継続） | ☐ | 東京に住んで約 10 年になります。 |

| NO. 44 used to | ☐ | 以前は宇都宮に住んでいました。 |

| NO. 46 Let me | ☐ | 簡単に自己紹介させていただきます。 |

| NO. 1 SV | ☐ | ミゲルと一緒に働いています。 |

| NO. 10 過去形 | ☐ | 中央大学を卒業しました。 |

Introducing myself (2)

	文法ポイント

☐ I'm from **Osaka.**

<u>NO.</u> **20**
be 動詞＋前置詞

☐ I live **in Yokohama.**

<u>NO.</u> **1**
SV

☐ I've lived **in Tokyo for about 10 years.**
(○) <u>I've been living</u> in Tokyo for about 10 years.

<u>NO.</u> **13**
現在完了（継続）

☐ I used to **live in Utsunomiya.**

<u>NO.</u> **44**
used to

☐ Let me **tell you a little bit about myself.**
(○) <u>I'd like to introduce</u> myself.　←より丁寧な言い方

<u>NO.</u> **46**
Let me

☐ I work **with Miguel.**
○ <u>I'm working</u> with Miguel.

<u>NO.</u> **1**
SV

☐ I graduated **from Chuo University.**

<u>NO.</u> **10**
過去形

87

自分について話す

自己紹介（3）

▶ TRACK **67**

文法ポイント

1 基本英文法のおさらい

2 場面別・英語で言うトレーニング

| NO. **7** There + be 動詞 | ☐ 4人家族です。 |

| NO. **4** SVO | ☐ 子どもが2人います。 |

| NO. **48** 過去分詞修飾 | ☐ クロという名前の犬を飼っています。 |

| NO. **14** 現在完了（完了） | ☐ 引っ越してきたばかりです。 |

| NO. **43** when 節 | ☐ 子どもの頃はバスケをしていました。 |

| NO. **1** SV | ☐ 一人暮らしをしています。 |

| NO. **10** 過去形 | ☐ 学生の頃にアメリカへ3か月留学しました。 |

Introducing myself（3）

		文法ポイント

There are **four people in my family.**
（○）We are a family of four.

I have <u>two children</u>.

NO. **4**
SVO

I have a dog named **Kuro.**

NO. **48**
過去分詞修飾

I've just moved in.
＊ move in = 引っ越す、転入する

NO. **14**
現在完了（完了）

When I was a child, **I played basketball.**

NO. **43**
when 節

I live **by myself.**
○ I live <u>on my own</u>. / ○ I live <u>alone</u>.

NO. **1**
SV

I studied abroad in the US for three months when I was a student.

NO. **10**
過去形

自分について話す

趣味 (1)

▶ TRACK 68

文法ポイント

| NO. 4 SVO | ☐ 写真（を撮ること）が好きです。 |

| NO. 30 動名詞 | ☐ 読書が好きです。 |

| NO. 20 be 動詞＋前置詞 | ☐ ワインにはまっています。 |

| NO. 4 SVO | ☐ 合気道をやっています。 |

| NO. 1 SV | ☐ カラオケによく行きます。 |

| NO. 4 SVO | ☐ よく YouTube を観ています。 |

| NO. 41 接続詞 | ☐ 趣味は筋トレと映画鑑賞です。 |

Hobbies (1)

文法ポイント

自分について話す

趣味(1)

☐ I like <u>photography</u>.
- ○ I like <u>taking pictures</u>.
- × I like <u>pictures</u>.(「写真(自体)が好きです」という意味になってしまいます)

NO. 4
SVO

☐ I like reading books.
- ○ I like <u>reading</u>.

NO. 30
動名詞

☐ I'm into wine.

NO. 20
be 動詞+前置詞

☐ I do <u>aikido</u>.
- ※ 球技や競争相手がいるスポーツは play、格闘技やボールを使わないスポーツは do を動詞に使います。

NO. 4
SVO

☐ I often go to karaoke.

NO. 1
SV

☐ I watch <u>a lot</u> of YouTube.
- ○ I <u>often</u> watch YouTube <u>videos</u>.

NO. 4
SVO

☐ My hobbies are working out and watching movies.
- ※ work out = 運動する、筋トレをする

NO. 41
接続詞

趣味（2）

▶ TRACK **69**

基本英文法のおさらい

2 場面別・英語で言うトレーニング

文法ポイント

No. 1 SV	☐ 1 人で映画を観に行くことがあります。
No. 33 疑問詞 what	☐ どんな映画が好きですか？
No. 59 関係代名詞(目的格)	☐ トム・クルーズが出てる映画ですか？
No. 56 最上級	☐ 最高のアクション映画です。
No. 24 have to	☐ 絶対観るべきですよ。
No. 56 最上級	☐ SF は、私の最も苦手なジャンルです。
No. 56 最上級	☐ 今まで観た映画の中で一番つまらなかった。

Hobbies (2)

文法ポイント

☐ I **sometimes** go to a movie by myself.

△ I sometimes go to a movie <u>alone</u>.

NO. 1
SV

☐ **What** kind of movies do you like?

NO. 33
疑問詞 what

☐ Is that the movie (that) Tom Cruise is in?

NO. 59
関係代名詞(目的格)

☐ It's the **best** action movie.

✕ It's <u>a best</u> action movie.

NO. 56
最上級

☐ You **have to** see it.

○ You have to <u>watch</u> it. / (○) You <u>should</u> see it.

NO. 24
have to

☐ Sci-fi is my **least favorite** genre.

○ Sci-fi is my least favorite <u>type of movie</u>.
＊ sci-fi = science fiction

NO. 56
最上級

☐ It was the **most boring** movie I have ever seen.

○ It was the <u>worst</u> movie I have ever seen. (bad の 比較級が worse、最上級が worst)

NO. 56
最上級

93

自分について話す

趣味（3）

▶ TRACK 70

文法ポイント

1 基本英文法のおさらい

<u>NO. 4</u>
SVO

☐ 無趣味です。

<u>NO. 31</u>
Do 〜 ?

☐ 今度一緒に行きませんか？

<u>NO. 59</u>
関係代名詞（目的格）

☐ 趣味と呼べるものが特段ないんですよ。

2 場面別・英語で言うトレーニング

<u>NO. 8</u>
this/that

☐ これは私のお気に入りの本です。

<u>NO. 52</u>
to不定詞（副詞的用法）

☐ 私の姉は週末は写真を撮りに公園に行きます。

<u>NO. 5</u>
SVOO

☐ 私の写真を見せてあげるよ。

<u>NO. 63</u>
so 〜 that ...

☐ 最近は忙しくて趣味の時間が取れないんです。

Talking about myself

Hobbies（3）

文法ポイント

☐ I don't have <u>any hobbies</u>.
　○ <u>I have no</u> hobbies.
　＊ 肯定文で「いくつか趣味がある」と言うときは some、否定文で「1つも趣味がない」というときは any を使います。

NO. 4
SVO

☐ **Do** you want to go with me next time?

NO. 31
Do ～ ?

☐ I don't really have anything <u>(that)</u> I can call a hobby.

NO. 59
関係代名詞（目的格）

☐ **This** is my favorite book.
　○ This book is <u>my favorite</u>.
　＊ favorite = お気に入りの（アメリカ英語のスペルは favorite、イギリス英語では favourite）

NO. 8
this/that

☐ **My sister goes to the park on the weekend** to take **pictures**.
　○ My sister goes to the park <u>on weekends</u> to take pictures.

NO. 52
to不定詞（副詞的用法）

☐ I'll show <u>you</u> <u>my pictures</u>.

NO. 5
SVOO

☐ I've been so busy lately that I haven't had time for hobbies.
　(○) I've been <u>too busy to have</u> time for hobbies.

NO. 63
so ～ that ...

スポーツ (1)

▶ TRACK 71

文法ポイント

基本英文法のおさらい

| NO. 4 SVO | ☐ 身体を動かすの（運動）が好きです。 |

| NO. 30 動名詞 | ☐ 水泳が大好きです。 |

| NO. 30 動名詞 | ☐ トレーニングが好きです。 |

場面別・英語で言うトレーニング

| NO. 30 動名詞 | ☐ サッカーの試合を観るのが好きです。 |

| NO. 1 SV | ☐ 毎日歩いています。 |

| NO. 4 SVO | ☐ 毎日ヨガをしています。 |

| NO. 1 SV | ☐ 週に3回ジムに通っています。 |

Talking about myself

Sports (1)

文法ポイント

☐ I like <u>getting exercise</u>.

   ○ I like <u>doing exercise</u>. / ○ I like <u>exercising</u>.
   × I like exercise.

NO. **4**
SVO

☐ I love swimming.

   ○ <u>I'm into</u> swimming.（I'm into ～ = ～にはまっている）

NO. **30**
動名詞

☐ I like working out.

NO. **30**
動名詞

☐ I like watching soccer games.

NO. **30**
動名詞

☐ I walk every day.

NO. **1**
SV

☐ I do <u>yoga</u> every day.

NO. **4**
SVO

☐ I go to the gym three times a week.

   ＊ 1 回は once、2 回は twice、3 回以降は three times の
   ように times を使います。

NO. **1**
SV

スポーツ（2）

▶ TRACK 72

文法ポイント

基本英文法のおさらい

NO. 10
過去形

☐ 最近フットサルを始めました。

NO. 4
SVO

☐ フットサルは月に1回やります。

NO. 15
現在完了（経験）

☐ ゴルフをしたことはありますか？

場面別・英語で言うトレーニング

NO. 2
SVC（be動詞）

☐ 私は初心者です。

NO. 57
比較級

☐ もっと練習しなきゃ。

NO. 11
現在進行形

☐ 上達してきました。

NO. 1
SV

☐ 冬はだいたい2週間に一度スキーに行きます。

Sports (2)

文法ポイント

☐ **I recently** started **futsal.**
  ○ I recently started <u>playing futsal</u>.

NO. **10**
過去形

☐ I play <u>futsal</u> **once a month.**

NO. **4**
SVO

☐ **Have you ever** played **golf?**

NO. **15**
現在完了（経験）

☐ I'<u>m</u> a beginner.

NO. **2**
SVC（be 動詞）

☐ **I should practice** more.
  ○ I <u>have to</u> practice more.

NO. **57**
比較級

☐ I'm getting **better.**

NO. **11**
現在進行形

☐ **I usually** go **skiing every other week in winter.**
  ＊ every other week = 隔週、1 週間おきに
  △ I usually go skiing <u>once every two weeks</u> in winter.

NO. **1**
SV

99

自分について話す

スポーツ（3）

▶ TRACK 73

1 基本英文法のおさらい

文法ポイント

<u>NO.</u> **58**
関係代名詞（主格）

☐ テニスが好きな友達が1人います。

<u>NO.</u> **4**
SVO

☐ 彼女はプロのアスリートと同じくらいテニスがうまい。

<u>NO.</u> **54**
to 不定詞(名詞的用法)

☐ 体重を落とそうとしています。

2 場面別・英語で言うトレーニング

<u>NO.</u> **43**
when 節

☐ 高校生のときに野球をやっていました。

<u>NO.</u> **15**
現在完了（経験）

☐ 卓球は何回もしたことがあります。

<u>NO.</u> **15**
現在完了（経験）

☐ 彼女はゴルフをしたことがありません。

<u>NO.</u> **11**
現在進行形

☐ 運動不足なんです。

Sports (3)

文法ポイント

☐ I have a friend who enjoys playing tennis.

NO. 58
関係代名詞（主格）

☐ She plays tennis as well as a professional athlete.

NO. 4
SVO

☐ I'm trying to lose weight.

＊ weight（重さ）は不可算名詞。冠詞も -s もつけません。

NO. 54
to 不定詞（名詞的用法）

☐ I used to play baseball when I was in high school.

○ I used to play baseball when I was a high school student.

NO. 43
when 節

☐ I've played table tennis many times.

NO. 15
現在完了（経験）

☐ She has never played golf.

NO. 15
現在完了（経験）

☐ I'm not getting enough exercise.

NO. 11
現在進行形

音楽 (1)

▶ TRACK **74**

文法ポイント

NO. **4**
SVO

☐ ロックが好きです。

NO. **30**
動名詞

☐ 音楽を聴くのが（すごく）好きです。

NO. **2**
SVC（be動詞）

☐ 私のお気に入りのバンドはビートルズです。

NO. **1**
SV

☐ よく（たくさんの）コンサートに行きます。

NO. **30**
動名詞

☐ 私の趣味はギターです。

NO. **16**
現在完了進行形

☐ ギターは5年以上弾いています。

NO. **31**
Do ～ ?

☐ 何か楽器は弾けますか？

Talking about myself

Music (1)

文法ポイント

☐ I like <u>rock music</u>.

<u>NO.</u> **4**
SVO

☐ **I love** listening **to music.**

<u>NO.</u> **30**
動名詞

☐ My favorite band <u>is</u> The Beatles.

<u>NO.</u> **2**
SVC（be 動詞）

☐ I go **to a lot of concerts.**
　○ I <u>often go to</u> concerts.

<u>NO.</u> **1**
SV

☐ **My hobby is** playing **the guitar.**

<u>NO.</u> **30**
動名詞

☐ I've been playing **the guitar for more than five years.**

<u>NO.</u> **16**
現在完了進行形

☐ Do **you play any instruments?**
　(○) <u>Can</u> you play any <u>musical instruments</u>?
　＊ instrument = 楽器、道具、器具

<u>NO.</u> **31**
Do ～ ?

103

自分について話す

音楽（2）

▶ TRACK 75

文法ポイント

1 基本英文法のおさらい

| NO. 40 疑問詞＋to 不定詞 | ☐ | ギターが弾けるようになりたいです。 |

| NO. 42 that 節 | ☐ | うまくはないんですけどね。（私は上手だとは思いません） |

| NO. 30 動名詞 | ☐ | ピアノは得意ですが、歌が下手です。 |

2 場面別・英語で言うトレーニング

| NO. 44 used to | ☐ | 私は昔、バンドをやっていました。 |

| NO. 64 ～ enough to ... | ☐ | 彼なら十分プロミュージシャンになれます。 |

| NO. 32 What is/are ～? | ☐ | その曲は何ですか？ |

| NO. 4 SVO | ☐ | どんなジャンルでも好きです。 |

Talking about myself

Music (2)

文法ポイント

☐ **I want to learn** how to play **the guitar.**
(○) I want to <u>be able to</u> play the guitar.
＊ 不定詞の文で「〜できる」と言うときは、can ではなく be able to を使います。

NO. **40**
疑問詞＋ to 不定詞

☐ **I don't think** (that) I'm good.

NO. **42**
that 節

☐ **I'm good at** playing **the piano but bad at** singing.
＊ be good at ＋ 動詞の ing 形 = 〜するのがうまい・得意である、be bad at ＋ 動詞の ing 形 = 〜するのが下手だ・苦手である

NO. **30**
動名詞

☐ **I** used to **be in a band.**

NO. **44**
used to

☐ **He is good** enough to **be a professional musician.**

NO. **64**
〜 enough to ...

☐ What's **that song?**

NO. **32**
What is/are 〜 ?

☐ I like <u>any genre</u>.

NO. **4**
SVO

自分について話す

週末の出来事 (1)

▶ TRACK 76

1 基本英文法のおさらい

2 場面別・英語で言うトレーニング

文法ポイント

NO. 10 過去形	☐	先週の日曜日に家族で横浜の中華街に行きました。
NO. 7 There + be 動詞	☐	中華街には人がたくさんいました。
NO. 10 過去形	☐	日曜日は特に何もしませんでした。
NO. 12 過去進行形	☐	1日中テレビを観ていました。
NO. 52 to不定詞（副詞的用法）	☐	友達に会いに恵比寿に行きました。
NO. 41 接続詞	☐	久しぶりに飲みに行きました。
NO. 22 should	☐	あんなに飲まなければよかったです。

My weekend (1)

☐ I went to Chinatown in Yokohama with my family last Sunday.

NO. **10**
過去形

☐ There were a lot of people in Chinatown.

NO. **7**
There + be 動詞

☐ I didn't do much on Sunday.
   ○ I didn't do <u>anything special</u> on Sunday.

NO. **10**
過去形

☐ I was watching TV shows all day.

NO. **12**
過去進行形

☐ I went to Ebisu to meet my friend.
   ○ I went to Ebisu to <u>see</u> my friend.

NO. **52**
to不定詞（副詞的用法）

☐ It had been a while since I went out for drinks.
   ○ It had been a while since <u>the last time</u> I went out for drinks.

NO. **41**
接続詞

☐ I shouldn't have drunk that much.
   ○ I shouldn't have drunk <u>so</u> much.
   ＊ 「should have ＋ 過去分詞」 の形で 「後悔」 の意味を表します。

NO. **22**
should

自分について話す

週末の出来事（2）

▶ TRACK **77**

文法ポイント

基本英文法のおさらい

1

2

場面別・英語で言うトレーニング

NO. 28 所有格	☐	休みの日はたいてい家族と過ごしています。
NO. 10 過去形	☐	娘の塾の送り迎えをしました。
NO. 52 to不定詞(副詞的用法)	☐	家族で水族館にイルカのショーを観に行きました。
NO. 10 過去形	☐	ハイキングに行く予定でしたが、雨が降ったので行くのをやめました。
NO. 62 too ～ to ...	☐	娘は小さすぎてジェットコースターに乗れませんでした。
NO. 10 過去形	☐	週末は天気が良くありませんでした。
NO. 12 過去進行形	☐	何してたっけ…？

My weekend (2)

文法ポイント

☐ I usually spend my days off with my family.

 ＊ day off = 休日

NO. 28
所有格

☐ I dropped my daughter off at her cram school and picked her up afterwards.

NO. 10
過去形

☐ I went to the aquarium with my family to watch a dolphin show.

 ○ 〜 to see a dolphin show.

NO. 52
to不定詞（副詞的用法）

☐ I had plans to go hiking, but it rained so I didn't.

 (○) I was planning to go hiking, but 〜 .

NO. 10
過去形

☐ My daughter was too short to ride the rollercoaster.

 ＊ rollercoaster = ジェットコースター
 ✕ jet coaster（「ジェットコースター」は和製英語です）

NO. 62
too 〜 to ...

☐ The weather was not good over the weekend.

NO. 10
過去形

☐ What was I doing?

NO. 12
過去進行形

休みの予定（1）

▶ TRACK 78

文法ポイント

| NO. 53 to 不定詞 （形容詞的用法） | ☐ 次の休みは彼女と映画に行く予定があります。 |

| NO. 53 to 不定詞 （形容詞的用法） | ☐ 週末は彼と会う予定です。 |

| NO. 17 be going to | ☐ 大学のときの友達（複数）に会います。 |

| NO. 13 現在完了（継続） | ☐ 最近仕事が忙しいので、ゆっくりしたいです。 |

| NO. 17 be going to | ☐ TOEIC のテストを受けます。 |

| NO. 17 be going to | ☐ 夏休みは沖縄に旅行に行きます。 |

| NO. 17 be going to | ☐ 年末年始には実家に帰ります。 |

My vacation plans (1)

文法ポイント

自分について話す　休みの予定（1）

☐ I have plans **to go** to a movie with my girlfriend on my next day off.
　○ <u>I'm planning</u> to go 〜 .

NO. 53
to 不定詞
（形容詞的用法）

☐ I have plans **to meet** my boyfriend this weekend.
　○ <u>I'm planning</u> to meet 〜 .

NO. 53
to 不定詞
（形容詞的用法）

☐ I'm going to **meet my friends from university.**

NO. 17
be going to

☐ I've been **busy with work recently, so I want to take it easy.**
　○ 〜 , so I want to <u>relax</u>.
　＊ take it easy = ゆっくりする、のんびりやる

NO. 13
現在完了（継続）

☐ I'm going to **take the TOEIC Test.**

NO. 17
be going to

☐ I'm going to **travel to Okinawa on my summer vacation.**

NO. 17
be going to

☐ I'm going to **go to my parents' house during the year-end holiday.**
　○ 〜 during the <u>New Year's</u> holiday.
　＊ 欧米では、年始は 1 月 1 日以外は休みではないので、日本の「年末年始休暇」は year-end holiday というのが一般的。

NO. 17
be going to

111

休みの予定（2）

▶ TRACK **79**

文法ポイント

NO. **41**
接続詞

☐ 天気が良ければドライブに行きたいですね。

NO. **53**
to 不定詞
（形容詞的用法）

☐ 何かおいしいものを食べに行きたいですね。

NO. **41**
接続詞

☐ 海外に行きたいんですが、お金がないんですよ。

NO. **15**
現在完了（経験）

☐ 行ったことがないところに行ってみたいです。

NO. **17**
be going to

☐ テスト勉強をする予定です。

NO. **4**
SVO

☐ 家の掃除をしないと。

NO. **18**
will（意志未来）

☐ たぶん家で過ごすと思います。

My vacation plans (2)

文法ポイント

☐ **If** the weather is good, I want to go for a drive.

    ○ I want to go on a drive <u>if the weather is good</u>.

NO. **41**

接続詞

☐ I want to go out and have something **good** to eat.

NO. **53**

to 不定詞
（形容詞的用法）

☐ I want to travel abroad, **but** I don't have enough money for it.

    ○ <u>I'd like to</u> travel <u>to a foreign country</u>, but I don't have <u>money</u>.

    ＊ abroad は副詞なので、前置詞 to を必要としません。

NO. **41**

接続詞

☐ I'd like to go somewhere that I've never been.

    △ I <u>want</u> to go to <u>places where</u> I <u>haven't</u> been.

NO. **15**

現在完了（経験）

☐ I'm going to **study for a test.**

NO. **17**

be going to

☐ I need **to clean my house.**

NO. **4**

SVO

☐ I think I'll **probably stay home.**

NO. **18**

will（意志未来）

113

地域の説明 (1)

▶ TRACK 80

文法ポイント

NO. 61
関係副詞

私が住んでる所は閑静な住宅街です。

NO. 7
There + be 動詞

駅の近くにはたくさん居酒屋があります。

NO. 8
this/that

ここは観光客に有名な地域です。

NO. 53
to 不定詞
（形容詞的用法）

都心からは遠いですが、住むには良いところです。

NO. 41
接続詞

その地域は子育てに便利なので、子どものいる家族に人気があります。

NO. 2
SVC（be 動詞）

京都は金閣寺で有名です。

NO. 61
関係副詞

あれが私が住んでいた町です。

1 基本英文法のおさらい

2 場面別・英語で言うトレーニング

Talking about myself

Describing an area (1)

文法ポイント

☐ The part of town where I live is a quiet residential area.

○ The neighborhood where I live is a quiet residential area.
(○) I live in a quiet residential area.

NO. 61
関係副詞

☐ There are a lot of bars near the station.

＊ near は「近くに」の意で、少し距離があっても OK。by は「すぐそばに」の意味。

NO. 7
There + be 動詞

☐ This place is well-known among tourists.

○ This place is well-known by tourists.
○ This place is famous among tourists.

NO. 8
this/that

☐ I live far from the center of Tokyo, but the area is a good place to live.

NO. 53
to 不定詞
（形容詞的用法）

☐ That area is popular among young families because there are helpful support services when raising a child.

○ That area is popular with young families because 〜.

NO. 41
接続詞

☐ Kyoto is famous for Kinkaku-ji.

NO. 2
SVC（be 動詞）

☐ That's the town where I used to live.

NO. 61
関係副詞

115

地域の説明（2）

▶ TRACK 81

文法ポイント

NO. 27 時間、天候、距離を表すit	☐	冬はたくさん雪が降ります。
NO. 41 接続詞	☐	車がないと不便なところです。
NO. 56 最上級	☐	世田谷区は 23 区で一番人口が多いです。

NO. 20 be 動詞＋前置詞	☐	大阪は日本の西側にあります。
NO. 2 SVC（be 動詞）	☐	私の地元はド田舎です。
NO. 41 接続詞	☐	海沿いの町なので海産物がおいしいですよ。
NO. 7 There + be 動詞	☐	毎年夏に大きな花火大会があります。

Describing an area (2)

	文法ポイント

☐ It snows a lot in the winter.

NO. 27
時間、天候、距離を表す it

☐ If you don't have a car, it's not a convenient area.

○ If you don't have a car, it's an <u>inconvenient place to live</u>.

NO. 41
接続詞

☐ Setagaya Ward has the largest population out of Tokyo's 23 wards.

＊ ward = 区（city は「市」）

NO. 56
最上級

☐ Osaka is in the western part of Japan.

NO. 20
be 動詞＋前置詞

☐ My hometown is a very rural area.

NO. 2
SVC（be 動詞）

☐ It's a town by the sea, so the seafood is good.

NO. 41
接続詞

☐ There's a big fireworks show every summer.

＊ fireworks show = 花火大会

NO. 7
There + be 動詞

旅行の話題（1）

▶ TRACK 82

文法ポイント

| NO. 30 動名詞 | ☐ 旅行が好きです。 |

| NO. 30 動名詞 | ☐ 海外旅行が好きです。 |

| NO. 30 動名詞 | ☐ 一人旅が好きです。 |

| NO. 1 SV | ☐ 毎年ハワイに行きます。 |

| NO. 15 現在完了（経験） | ☐ パリに行ったことがあります。 |

| NO. 54 to 不定詞（名詞的用法） | ☐ 年に一度は海外旅行に行きたいです。 |

| NO. 52 to 不定詞（副詞的用法） | ☐ エジプトに行ってピラミッドを見たいです。 |

> Talking about myself

Travel (1)

文法ポイント

☐ I like traveling.

NO. 30
動名詞

☐ I like traveling internationally.
　　○ I like traveling <u>abroad [overseas]</u>.

NO. 30
動名詞

☐ I like traveling alone.

NO. 30
動名詞

☐ I go to Hawaii every year.

NO. 1
SV

☐ I've been to Paris before.

NO. 15
現在完了（経験）

☐ I want to travel abroad at least once a year.
　　＊ at least = 少なくとも

NO. 54
to 不定詞（名詞的用法）

☐ I want to go to Egypt to see the pyramids.

NO. 52
to 不定詞（副詞的用法）

自分について話す　旅行の話題（1）

旅行の話題（2）

▶ TRACK 83

文法ポイント

NO. 57 比較級	☐	国内旅行のほうがより安く、簡単です。
NO. 32 What is/are ～?	☐	一番好きな国はどこですか？
NO. 15 現在完了（経験）	☐	インドに行ったことはありますか？
NO. 36 疑問詞 which	☐	日本国内の旅行と海外旅行、どちらが好きですか？
NO. 35 疑問詞 where	☐	旅行におすすめの場所はありますか？
NO. 22 should	☐	沖縄には行ったほうがいいですよ！
NO. 33 疑問詞 what	☐	そこでは何ができますか？

Travel (2)

文法ポイント

☐ **Traveling domestically is** easier **and** cheaper**.**
    ○ Traveling <u>within the country</u> is easier and cheaper.
    ○ Traveling <u>in Japan</u> is easier and cheaper.

<u>NO.</u> 57
比較級

☐ **What's your favorite country?**

<u>NO.</u> 32
What is/are ～ ?

☐ **Have you been to India?**
    ○ Have you <u>ever</u> been to India?

<u>NO.</u> 15
現在完了（経験）

☐ **Which do you prefer, traveling abroad or traveling in Japan?**

<u>NO.</u> 36
疑問詞 which

☐ **Where do you recommend traveling?**
    ＊ recommend + 動詞の ing 形 = ～することを勧める
    ✕ recommend to travel
    △ recommend you travel（古い言い方で、今は使われません）

<u>NO.</u> 35
疑問詞 where

☐ **You should go to Okinawa!**
    (○) You <u>have to</u> go to Okinawa!

<u>NO.</u> 22
should

☐ **What can I do there?**

<u>NO.</u> 33
疑問詞 what

自分について話す

旅行の話題（2）

自分について話す

目標（1）

▶ TRACK 84

1 基本英文法のおさらい

2 場面別・英語で言うトレーニング

文法ポイント

NO. 18 will（意志未来）	☐	体重を5キロ落とします。
NO. 57 比較級	☐	もっと英語がうまくなりたいです。
NO. 54 to不定詞（名詞的用法）	☐	いつか海外に住んでみたいです。
NO. 54 to不定詞（名詞的用法）	☐	まずは仕事に慣れることが目標です。
NO. 57 比較級	☐	TOEICのテストで800点以上を取りたいです。
NO. 18 will（意志未来）	☐	月に本を2冊読もうと思います。
NO. 18 will（意志未来）	☐	今年中に禁煙します。

My goals (1)

文法ポイント

☐ I will lose five kilos.

NO. 18
will（意志未来）

☐ I want to be better at English.
  ○ I want to be better at speaking English.

NO. 57
比較級

☐ I want to live in a foreign country someday.
  ○ I want to live abroad [overseas] someday.

NO. 54
to不定詞（名詞的用法）

☐ My first goal is to get used to my job.
  ＊ get used to + 名詞 / 動詞の ing 形 = 〜（するの）に慣れる

NO. 54
to不定詞（名詞的用法）

☐ I want to get 800 or higher on the TOEIC Test.

NO. 57
比較級

☐ I will read two books a month.

NO. 18
will（意志未来）

☐ I will quit smoking by the end of this year.
  △ I will stop smoking by the end of this year.
  ○ I will quit smoking this year.
  ＊ quit = 〜をやめる(stop よりも「禁煙する!」という強い意志を示します)

NO. 18
will（意志未来）

自分について話す

目標（2）

▶ TRACK 85

文法ポイント

| NO. 28 所有格 | ☐ 今年の当社の売上目標は1000億円です。 |

| NO. 54 to不定詞（名詞的用法） | ☐ 40歳までに家を買いたいです。 |

| NO. 28 所有格 | ☐ 彼女の目標は仕事で問題なく英語が使えるようになることです。 |

| NO. 32 What is/are ～? | ☐ 今年の目標は何ですか？ |

| NO. 10 過去形 | ☐ おかげさまで、目標を達成できました。 |

| NO. 18 will（意志未来） | ☐ 今日から始めます。 |

| NO. 18 will（意志未来） | ☐ 目標を達成したら、報告しますね！ |

My goals (2)

☐ Our company's sales target this year is 100 billion yen.

NO. 28
所有格

☐ I want to buy a house by the time I'm 40.
　○ I want to buy a house <u>by the age of 40</u>.

NO. 54
to不定詞（名詞的用法）

☐ Her goal at work is to be able to use English without any problems.

NO. 28
所有格

☐ What are your goals for this year?
　○ What's your <u>New Year's resolution</u>?

NO. 32
What is/are ～?

☐ Thanks to your help, I was able to achieve my goal.

NO. 10
過去形

☐ I will start today.

NO. 18
will（意志未来）

☐ I'll let you know when I hit my goal!
　＊ hit one's goal = 目標を達成する

NO. 18
will（意志未来）

125

日常会話

初対面（1）

▶ TRACK 86

文法ポイント

基本英文法のおさらい

NO. 29
可能性・推量の助動詞

☐ あなたがディーンさんですね？

NO. 26
形式主語の it

☐ お会いできてうれしいです。

NO. 46
Let me

☐ 自己紹介させてください。

場面別・英語で言うトレーニング

NO. 2
SVC（be 動詞）

☐ 私は安田スヤと申します。

NO. 6
SVOC

☐ スヤ（名前）と呼んでください。

NO. 49
how

☐ 日本はいかがですか？

NO. 33
疑問詞 what

☐ 休みの日は何をしていますか？

Meeting new people (1)

文法ポイント

☐ **You must be Dean.**
  ＊ must = 〜に違いない

NO. 29
可能性・推量の助動詞

☐ **It's nice to meet you.**

NO. 26
形式主語の it

☐ **Let me introduce myself.**

NO. 46
Let me

☐ **I'm Suya Yasuda.**

NO. 2
SVC（be 動詞）

☐ **Please call me Suya.**

NO. 6
SVOC

☐ **How do you like Japan?**
  ○ How do you <u>feel about</u> Japan?
  × How do you <u>think about</u> Japan?

NO. 49
how

☐ **What do you do in your free time?**
  ○ What do you do <u>on your days off</u>?

NO. 33
疑問詞 what

初対面（2）

▶ TRACK 87

基本英文法のおさらい

1

2 場面別・英語で言うトレーニング

文法ポイント

| NO. 13 現在完了（継続） | ☐ 日本に来てどのくらいですか？ |

| NO. 35 疑問詞 where | ☐ お住まいはどちらですか？ |

| NO. 35 疑問詞 where | ☐ ご出身はどちらですか？ |

| NO. 33 疑問詞 what | ☐ お仕事は何ですか？ |

| NO. 50 How＋形容詞・副詞〜？ | ☐ 日本語はどれくらい話せますか？ |

| NO. 15 現在完了（経験） | ☐ 以前どこかでお会いしましたか？ |

| NO. 12 過去進行形 | ☐ お会いできるのを楽しみにしていました。 |

Meeting new people (2)

文法ポイント

☐ **How long** have you been **in Japan?**

NO. 13
現在完了（継続）

☐ **Where** do you live?

NO. 35
疑問詞 where

☐ **Where** are you from?
　○ Where <u>do you come</u> from?

NO. 35
疑問詞 where

☐ **What** do you do?
　○ What do you do <u>for a living</u>? / (○) What's your job?
　＊ 仕事を聞くときは、What's your job? よりも What do
　you do (for living)? のほうが一般的です。

NO. 33
疑問詞 what

☐ **How much** Japanese can you speak?
　○ How much Japanese <u>do</u> you speak?

NO. 50
How＋形容詞・副詞〜?

☐ **Have** we met **somewhere before?**

NO. 15
現在完了（経験）

☐ I was looking **forward to meeting you.**

NO. 12
過去進行形

日常のやり取り（1）

▶ TRACK **88**

1 基本英文法のおさらい

2 場面別・英語で言うトレーニング

文法ポイント

| NO. 39
What time ～? | ☐ | 毎日何時に起きますか？ |

| NO. 43
when 節 | ☐ | 起きたらすでに 11 時でした。 |

| NO. 42
that 節 | ☐ | 遅れてすみません。 |

| NO. 24
have to | ☐ | 洗濯しなきゃ。 |

| NO. 51
命令文 | ☐ | ゴミを捨てておいてね。 |

| NO. 51
命令文 | ☐ | テレビを消して。 |

| NO. 51
命令文 | ☐ | ボリュームを下げて。 |

Daily phrases（1）

☐ What time **do you get up every day?**

NO. **39**
What time 〜 ?

☐ When I woke up, **it was already eleven o'clock.**
　　＊ wake up = 目が覚める（get up = 起きる）

NO. **43**
when 節

☐ I'm sorry （that） I'm late.
　　（△）I'm sorry <u>to be</u> late. / （○）I'm sorry <u>for being</u> late.
　　＊ I'm sorry to be late. は文法的に間違いではありませんが、
　　　I'm sorry for being late. のほうが一般的です。

NO. **42**
that 節

☐ I have to **do the laundry.**
　　○ I have to <u>wash my clothes.</u>

NO. **24**
have to

☐ Make **sure to take out the trash.**
　　○ <u>Please</u> take out the trash.
　　＊ trash = 普通ごみ（garbage は生ごみのことですが、最近
　　　ではどちらも同じ意味として使われることもあります）

NO. **51**
命令文

☐ Turn **off the TV.**
　　＊ turn off 〜 =（電気器具）を消す、切る

NO. **51**
命令文

☐ Turn **down the volume.**

NO. **51**
命令文

日常のやり取り（2）

▶ TRACK 89

文法ポイント

| NO. 51 命令文 | ☐ 部屋を片付けておいてよ。 |

| NO. 10 過去形 | ☐ 歯磨きした？ |

| NO. 59 関係代名詞(目的格) | ☐ 今日私が乗った電車はすいてました。 |

| NO. 22 should | ☐ （私たちは）今夜は早く寝たほうがいいね。 |

| NO. 17 be going to | ☐ そろそろ夕飯の準備を始めますね。 |

| NO. 27 時間、天候、距離を表すit | ☐ 夕食の時間ですよ。 |

| NO. 51 命令文 | ☐ レンジで温めて食べてね。 |

Daily phrases (2)

文法ポイント

☐ Make sure to clean your room.
  ○ Clean your room. / ○ Tidy up your room.

NO. 51
命令文

☐ Did you brush your teeth?

NO. 10
過去形

☐ The train (that) I got on today was not crowded.

NO. 59
関係代名詞（目的格）

☐ We should go to bed early tonight.

NO. 22
should

☐ I'm going to start getting dinner ready soon.

NO. 17
be going to

☐ It's time for dinner.
  ※ It's time to ＋動詞の原形だと「〜する時間だ」という意味になります。
  例）It's time to go to bed.「寝る時間です」

NO. 27
時間、天候、距離を表す it

☐ Heat it up in the microwave before you eat it.
  ○ Warm it up in the microwave before you eat it.

NO. 51
命令文

日常のやり取り（3）

▶ TRACK 90

文法ポイント

NO. 64 ～ enough to ...	☐	このテーブルは 8 人が座るのに十分な大きさです。
NO. 17 be going to	☐	今日は休みます。
NO. 11 現在進行形	☐	彼は仕事を探しています。
NO. 12 過去進行形	☐	あなたが電話をしたとき、彼女は寝てましたよ。
NO. 12 過去進行形	☐	昨日の午後、私たちは勉強していました。
NO. 12 過去進行形	☐	昨日の夜 8 時に何をしていましたか？
NO. 38 疑問詞 whose	☐	あの鞄はどなたのですか？

Daily phrases (3)

文法ポイント

☐ **This table is large** enough to **seat eight people.**
　　* seat = 〜人分の席がある
　　(◯) This table is large enough for eight people.

<u>NO.</u> **64**
〜 enough to ...

☐ I'm going to **take the day off today.**

<u>NO.</u> **17**
be going to

☐ **He's** looking **for a job.**
　　* look for 〜 = 〜を探す

<u>NO.</u> **11**
現在進行形

☐ **She** was sleeping **when you called her.**

<u>NO.</u> **12**
過去進行形

☐ **We** were studying **yesterday afternoon.**

<u>NO.</u> **12**
過去進行形

☐ **What** were **you** doing **at 8 pm last night?**

<u>NO.</u> **12**
過去進行形

☐ Whose **bag is that?**

<u>NO.</u> **38**
疑問詞 whose

日常会話

便利な一言

▶ TRACK 91

文法ポイント

| NO. 33 疑問詞 what | ☐ | あなたはどう思いますか？ |

| NO. 46 Let me | ☐ | 考えさせてください。 |

| NO. 11 現在進行形 | ☐ | どこに行くんですか？ |

| NO. 60 関係代名詞 what | ☐ | そういう意味です。 |

| NO. 8 this/that | ☐ | それは時間の無駄です。 |

| NO. 39 What time 〜? | ☐ | 何時に帰りますか？ |

| NO. 28 所有格 | ☐ | あなたの番ですよ。 |

Daily conversation

Useful expressions

文法ポイント

☐ What **do you think?**
   × <u>How</u> do you think?

NO. 33
疑問詞 what

☐ Let me **think about it.**

NO. 46
Let me

☐ **Where** are you going?

NO. 11
現在進行形

☐ That's what I mean.

NO. 60
関係代名詞 what

☐ That's a waste of time.
   ＊ waste = 無駄

NO. 8
this/that

☐ What time **will you go home?**
   ＊ go home = 家に帰る（その場から家に向かう）、
   get home = 家に到着する
   ○ What time will you <u>leave here</u>?

NO. 39
What time 〜 ?

☐ It's your **turn.**

NO. 28
所有格

自分について話す

日常会話　便利な一言

137

日常会話

買い物での表現

▶ TRACK **92**

1 基本英文法のおさらい

2 場面別・英語で言うトレーニング

文法ポイント

NO. **50** How＋形容詞・副詞〜？	☐	このカップはいくらですか？
NO. **31** Do〜？	☐	これの色違いはありますか？
NO. **31** Do〜？	☐	他のサイズはありますか？
NO. **18** will（意志未来）	☐	（これを）2つください。
NO. **32** What is/are〜？	☐	これは何の料金ですか？
NO. **59** 関係代名詞(目的格)	☐	必要なものはこれだけです。
NO. **6** SVOC	☐	プレゼント用に包んでもらえますか？

Shopping

文法ポイント

☐ How much **is this cup?**

NO. **50**
How＋形容詞・副詞〜？

☐ Do **you have this in other colors?**

NO. **31**
Do 〜？

☐ Do **you have other sizes?**
  ○ Do you have this in other sizes?
  ○ Do you have this in a large (small)?

NO. **31**
Do 〜？

☐ I'll **take two** (of these).

NO. **18**
will（意志未来）

☐ What's **this charge for?**
  ＊ charge = 料金

NO. **32**
What is/are 〜？

☐ That's all (that) I need.

NO. **59**
関係代名詞（目的格）

☐ Can I have it gift-wrapped?

NO. **6**
SVOC

自分について話す

日常会話　買い物での表現

観光での表現

▶ TRACK **93**

基本英文法のおさらい

2 場面別・英語で言うトレーニング

文法ポイント

NO. 7	
There + be 動詞	□ このあたりで有名な観光スポットはありますか？

NO. 7	
There + be 動詞	□ この近くに良いイタリアンのお店はありませんか？

NO. 5	
SVOO	□ そのお店の営業時間を教えてください。

NO. 26	
形式主語の it	□ 予約したほうがいいですか？

NO. 7	
There + be 動詞	□ ドレスコードはありますか？

NO. 3	
SVC（一般動詞）	□ それは楽しそうですね。

NO. 21	
can	□ 大人 2 人分のチケットをください。

Sightseeing

文法ポイント

☐ Are there **any famous sightseeing spots around here?**

NO. 7
There + be 動詞

☐ Is there **a good Italian restaurant near here?**
　　○ Is there a good Italian restaurant <u>nearby</u>?

NO. 7
There + be 動詞

☐ **Can you tell <u>me</u> <u>that store's business hours</u>?**

NO. 5
SVOO

☐ Is it **better to make a reservation?**
　　○ Is it better <u>for me</u> to make a reservation?
　　(○) <u>Should I</u> make a reservation?

NO. 26
形式主語の it

☐ Is there **a dress code?**

NO. 7
There + be 動詞

☐ That <u>sounds</u> fun.

NO. 3
SVC（一般動詞）

☐ Can I **get two adult tickets?**
　　○ Can I <u>have</u> <u>tickets for two adults</u>?

NO. 21
can

道を尋ねる表現（1）

▶ TRACK 94

文法ポイント

NO. 49		そこに行くにはどうすればいいですか？
how	☐	

NO. 50		そこに行くのにどれくらい時間がかかりますか？
How＋形容詞・副詞～？	☐	

NO. 10		電車に乗り遅れてしまいました。
過去形	☐	

NO. 19		1時間遅れます。
will（単純未来）	☐	

NO. 26		電車とタクシーのどちらを使ったほうがいいですか？
形式主語の it	☐	

NO. 21		タクシーを呼んでもらえますか？
can	☐	

NO. 4		通常は地下鉄を使っています。
SVO	☐	

Asking for directions (1)

文法ポイント

☐ How **can I get there?**

NO. 49
how

☐ How long **does it take to get there?**

NO. 50
How＋形容詞・副詞〜?

☐ I missed **the train.**

NO. 10
過去形

☐ I'll **be an hour late.**
　× I'll be <u>late for an hour</u>.

NO. 19
will（単純未来）

☐ **Would it be better to take a train or a taxi?**
　○ <u>Is it</u> better to take a train or a taxi?

NO. 26
形式主語の it

☐ Could **you call a taxi for me?**
　× Could/Can you <u>call me taxi</u>?（「私をタクシーと呼んでもらえますか?」の意味になってしまいます）

NO. 21
can

☐ I usually **take** <u>the subway</u>.

NO. 4
SVO

自分について話す

日常会話　道を尋ねる表現（1）

道を尋ねる表現（2）

▶ TRACK 95

文法ポイント

1 基本英文法のおさらい

| NO. 36 疑問詞 which | ☐ どちらが速いと思いますか？ |

| NO. 62 too ～ to ... | ☐ 歩くには遠すぎますか？ |

| NO. 25 would | ☐ 私ならタクシーに乗ります。 |

2 場面別・英語で言うトレーニング

| NO. 49 how | ☐ 通勤はどうしていますか？ |

| NO. 4 SVO | ☐ 仕事のために毎朝電車を使っています。 |

| NO. 58 関係代名詞（主格） | ☐ あれは空港に行くバスですか？ |

| NO. 49 how | ☐ ここから B ターミナルへはどのように行けばいいですか？ |

Asking for directions (2)

文法ポイント

自分について話す

☐ Which **do you think is faster?**

NO. 36
疑問詞 which

☐ **Is it** too **far** to **walk?**

NO. 62
too ~ to ...

☐ I would **take a taxi.**

NO. 25
would

☐ How **do you get to work?**
　○ How do you <u>commute</u> to work?

NO. 49
how

☐ I take <u>the train</u> **to work every morning.**
　(○) I <u>commute</u> to work <u>by train</u> every morning.

NO. 4
SVO

☐ **Is that the bus** that **goes to the airport?**

NO. 58
関係代名詞（主格）

☐ How **can I get to Terminal B from here?**

NO. 49
how

日常会話　道を尋ねる表現（2）

道を尋ねる表現（3）

▶ TRACK **96**

文法ポイント

NO. 47
受動態

☐ フライトは悪天候により遅延しています。

NO. 36
疑問詞 which

☐ どちらの電車に乗ればいいですか？

NO. 56
最上級

☐ そこに行くには何が一番良い方法ですか？

NO. 27
時間、天候、距離を表すit

☐ ここから5駅です。

NO. 35
疑問詞 where

☐ 最寄りの駅はどこですか？

NO. 50
How＋形容詞・副詞〜？

☐ 最寄りの駅まではどれくらい離れてますか？

NO. 63
so 〜 that ...

☐ 電車がとても混んでいたので座れませんでした。

Asking for directions (3)

文法ポイント

☐ **The flight** is delayed **due to bad weather.**

<u>NO.</u> **47**
受動態

☐ Which **train should I take?**

<u>NO.</u> **36**
疑問詞 which

☐ **What's the** best **way to get there?**

<u>NO.</u> **56**
最上級

☐ **It's five stops from here.**
　○ It's five stops <u>away</u>.
　＊ stop（名詞）= 停留所、停車場

<u>NO.</u> **27**
時間、天候、距離を表す it

☐ Where**'s the nearest station?**

<u>NO.</u> **35**
疑問詞 where

☐ How far **is it to the nearest station?**

<u>NO.</u> **50**
How＋形容詞・副詞～？

☐ **The train was** so **crowded** that **I couldn't
sit down.**

<u>NO.</u> **63**
so ～ that ...

道を尋ねる表現（4）

▶ TRACK 97

文法ポイント

NO. 55
間接疑問文

□ 一番近くの郵便局がどこにあるか知っていますか？

NO. 7
There + be 動詞

□ 近くにレストランはありますか？

NO. 7
There + be 動詞

□ 駐車できるところはありますか？

NO. 57
比較級

□ あなたの上司よりも先に到着しますか？

NO. 20
be 動詞＋前置詞

□ 右側にあります。

NO. 3
SVC（一般動詞）

□ 道に迷ってしまいました。

NO. 57
比較級

□ 思ったよりも早くこちらに着きました。

Asking for directions (4)

文法ポイント

自分について話す

☐ **Do you know** where the nearest post office is?

NO. 55
間接疑問文

☐ Are there **any restaurants near here?**

NO. 7
There + be 動詞

☐ Are there **any places to park?**
　○ Are there any <u>parking spaces</u>?

NO. 7
There + be 動詞

☐ **Will you arrive** earlier **than your boss?**

NO. 57
比較級

☐ **It's on the right.**

NO. 20
be 動詞＋前置詞

☐ I <u>got</u> lost.

NO. 3
SVC（一般動詞）

☐ **I got here** sooner **than I expected.**

NO. 57
比較級

日常会話　道を尋ねる表現（4）

食事での表現（1）

▶ TRACK 98

文法ポイント

基本英文法のおさらい

1

場面別・英語で言うトレーニング

2

NO. 52 to不定詞（副詞的用法）	☐	注文いいですか？（注文の準備ができました）
NO. 33 疑問詞 what	☐	みんな何にしますか？
NO. 18 will（意志未来）	☐	T ボーンステーキをください。
NO. 14 現在完了（完了）	☐	まだ決めていません。
NO. 53 to 不定詞 （形容詞的用法）	☐	何か飲みますか？（仲間同士の会話）
NO. 33 疑問詞 what	☐	お酒以外の飲み物は何がありますか？
NO. 33 疑問詞 what	☐	どんなウイスキーがいいですか？

Eating (1)

		文法ポイント

☐ **We're ready** to order **now.**
(○) <u>May I</u> order? / ○ <u>I'd like to</u> order.

<u>NO.</u> 52
to不定詞（副詞的用法）

☐ What **does everyone want?**

<u>NO.</u> 33
疑問詞 what

☐ **I'll have the T-bone steak.**
○ I'll <u>get</u> the T-bone steak.

<u>NO.</u> 18
will（意志未来）

☐ **We** haven't decided **yet.**

<u>NO.</u> 14
現在完了（完了）

☐ **Would you like something** to drink**?**
○ Do you want to drink something?

<u>NO.</u> 53
to 不定詞
（形容詞的用法）

☐ What **kind of non-alcoholic drinks do you have?**
○ What kind of <u>soft drinks</u> do you have?

<u>NO.</u> 33
疑問詞 what

☐ What **kind of whiskey would you like?**
○ What <u>brand</u> of whiskey would you like?

<u>NO.</u> 33
疑問詞 what

日常会話

食事での表現（2）

▶ TRACK 99

1
基本英文法のおさらい

2
場面別・英語で言うトレーニング

文法ポイント

| NO. 21 can | ☐ | 飲めないんです。 |

| NO. 28 所有格 | ☐ | ここは初めて来ました。 |

| NO. 2 SVC（be 動詞） | ☐ | おいしいです。 |

| NO. 23 may | ☐ | もう一杯もらえますか？ |

| NO. 2 SVC（be 動詞） | ☐ | 酔いました。 |

| NO. 3 SVC（一般動詞） | ☐ | それ（複数）、おいしそうですね。 |

| NO. 37 疑問詞 who | ☐ | 何か頼む人？ |

Eating (2)

	文法ポイント

☐ **I can't drink.**
  (○) I <u>don't</u> drink.

☐ **It's my first time here.**
  ○ It's <u>the</u> first time <u>for me to come</u> here.

☐ **It's good!**
  ○ It's <u>nice</u>! / △ It's <u>delicious</u>!

☐ **May I have another one?**
  (○) <u>Can</u> I have another <u>drink</u>?

☐ **I'm drunk.**
  (○) I think I <u>drank too much</u>.
  ○ I'm <u>tipsy</u>. (tipsy = ほろ酔い)

☐ **Those <u>look</u> good.**

☐ **Who wants to order something?**

自分について話す

日常会話 食事での表現 (2)

食事での表現（3）

▶ TRACK 100

文法ポイント

| NO. 32 What is/are 〜？ | ☐ | この料理には何が入ってますか？ |

| NO. 37 疑問詞 who | ☐ | 白ワインを頼んだ人は誰ですか？ |

| NO. 38 疑問詞 whose | ☐ | このビールは誰の？ |

| NO. 21 can | ☐ | 小皿もらえますか？ |

| NO. 5 SVOO | ☐ | 塩を取ってもらえますか？ |

| NO. 60 関係代名詞 what | ☐ | これは頼んだものと違います。 |

| NO. 62 too 〜 to ... | ☐ | コーヒーが熱すぎて飲めませんでした。 |

Eating (3)

☐ What's in this dish?

☐ Who ordered white wine?

☐ Whose beer is this?

☐ Can we get a small plate?
　○ Can I <u>have</u> a small plate?

☐ Can you pass me the salt?

☐ This isn't what we ordered.

☐ The coffee was too hot to drink.

食事での表現（4）

▶ TRACK **101**

文法ポイント

1 基本英文法のおさらい

| NO. 27
時間、天候、距離を表すit | ☐ | ラストオーダーの時間です。 |

| NO. 31
Do 〜? | ☐ | 一杯飲みに行きませんか？ |

| NO. 45
Let's | ☐ | そのうち飲みに行きましょう。 |

2 場面別・英語で言うトレーニング

| NO. 47
受動態 | ☐ | チップは含まれていますか？ |

| NO. 7
There + be 動詞 | ☐ | 食べられないものはありますか？ |

| NO. 31
Do 〜? | ☐ | 一口いる？ |

| NO. 21
can | ☐ | 別会計にできますか？ |

Eating（4）

☐ It's time for last orders.

☐ Do **you want to get a drink?**
   ○ Do you want to <u>go for a drink</u>?
   (○) <u>Would you like</u> to get a drink?

☐ Let's **go drinking one of these days.**
   ＊ one of these days = 近いうちに
   ○ Let's <u>go for a drink</u> soon [in the near future].

☐ Is **the tip** included?

☐ Is there **anything you can't eat?**

☐ Do **you want a bite?**

☐ Can **we have separate checks?**

仕事

会議で使う表現 (1)

▶ TRACK 102

文法ポイント

1 基本英文法のおさらい

NO. 27 時間、天候、距離を表す it	☐	時間になりましたので開始いたします。
NO. 28 所有格	☐	本日はお集まりいただきありがとうございました。
NO. 21 can	☐	皆さん、画面は見えますか？

2 場面別・英語で言うトレーニング

NO. 8 this/that	☐	こちらが本日のアジェンダです。
NO. 9 these/those	☐	こちらが会議資料です。
NO. 2 SVC（be 動詞）	☐	レベッカは本日欠席です。
NO. 53 to 不定詞 （形容詞的用法）	☐	この会議で議論する重要なトピックは何かありますか？

Meetings (1)

	文法ポイント

☐ **It's time to get started.**
　　○ It's time to <u>start</u>.（get started のほうがやわらかい言い方です）

☐ **Thank you for your attendance today.**
　　(○) Thank you for <u>coming</u> today.

☐ **Can everyone see the screen?**
　　× Can everyone <u>watch</u> the screen?
　　＊ watch は「動くものを観る」というイメージで、テレビやスポーツを観る際に使われます。

☐ **This is the agenda for today.**
　　○ This is <u>today's agenda</u>.

☐ **These are the documents for the meeting.**
　　＊ document = 書類、資料
　　○ These are the <u>materials/handouts</u> for the meeting.

☐ **Rebecca is absent today.**

☐ **Are there any important topics to discuss at the meeting?**
　　○ <u>Do you have</u> any important topics to discuss <u>in this meeting</u>?

会議で使う表現（2）

▶ TRACK 103

文法ポイント

NO. 45 Let's	☐	次の議題に移りましょう。
NO. 45 Let's	☐	プロジェクトについて話しましょう。
NO. 5 SVOO	☐	（1つ）質問してもよろしいでしょうか？

NO. 22 should	☐	それを達成するためにはどうすればいいでしょうか？
NO. 8 this/that	☐	そうですね。
NO. 60 関係代名詞 what	☐	今おっしゃったことをもう一度お願いします。
NO. 57 比較級	☐	もう一度ゆっくり言ってください。

Meetings (2)

	文法ポイント	

☐ Let's **move on to the next topic.**

NO. 45
Let's

☐ Let's **talk about the project.**

NO. 45
Let's

☐ Can **I ask** <u>you a question</u>?

NO. 5
SVOO

☐ What should **we do to achieve that?**
  * achieve = ～を達成する

NO. 22
should

☐ That**'s true.**
  * 強めに言うと「確かに!」というニュアンスになります。

NO. 8
this/that

☐ Can you repeat what **you just said?**
  (○) Could you <u>say that again</u>, please?

NO. 60
関係代名詞 what

☐ Please say that again more slowly.

NO. 57
比較級

1 基本英文法のおさらい

文法ポイント

| NO. 21 | ☐ | それについてはのちほど話しましょう。 |
| can | | |

| NO. 2 | ☐ | それについてはよくわかりません。 |
| SVC（be 動詞） | | |

| NO. 45 | ☐ | 休憩しましょう。 |
| Let's | | |

2 場面別・英語で言うトレーニング

| NO. 24 | ☐ | すみません、次の会議があるので退出します。 |
| have to | | |

| NO. 14 | ☐ | すべて話ができたと思います。 |
| 現在完了（完了） | | |

| NO. 18 | ☐ | のちほど議事録を送ります。 |
| will（意志未来） | | |

| NO. 8 | ☐ | これで本日の会議は終わりです。 |
| this/that | | |

Meetings（3）

文法ポイント

☐ We can talk about it later.

NO. 21
can

☐ I'm not too sure about that.

NO. 2
SVC（be 動詞）

☐ Let's take a break.

NO. 45
Let's

☐ Sorry, I have to leave now because I have another meeting.

NO. 24
have to

☐ I think we've covered everything.
  ○ I think we've <u>discussed</u> everything.

NO. 14
現在完了（完了）

☐ I'll send you the meeting minutes later.
  ＊ minutes = 議事録

NO. 18
will（意志未来）

☐ This is the end of today's meeting.
  ○ <u>That's it for</u> today's meeting.

NO. 8
this/that

自分について話す

日常会話

仕事 会議で使う表現（3）

上手なプレゼン（1）

▶ TRACK 105

文法ポイント

NO. 2
SVC（be 動詞）

☐ 皆さんこんにちは。商品企画部の得永耕一郎と申します。

NO. 25
would

☐ マーケットの状況の説明から始めたいと思います。

NO. 25
would

☐ それでは、プロジェクトの詳細を説明したいと思います。

NO. 47
受動態

☐ 配布した資料をご覧ください。

NO. 8
this/that

☐ こちらの棒グラフをご覧ください。

NO. 46
Let me

☐ いくつか例を挙げます。

NO. 31
Do ～?

☐ 何か質問はありますか？

1 基本英文法のおさらい

2 場面別・英語で言うトレーニング

Presentations (1)

文法ポイント

☐ Hello, everyone. I'm Koichiro Tokunaga from the Product Planning Department.

NO. 2
SVC（be 動詞）

☐ I'd like to begin by discussing the market situation.

NO. 25
would

☐ Now, I'd like to go into more detail about the project.

(○) OK, I'll explain the project to you in more detail.
＊ detail = 詳細

NO. 25
would

☐ Please take a look at the documents that were distributed.

＊ distribute = ～を配る、分配する
○ Please look at the materials that were handed out.

NO. 47
受動態

☐ Please look at this bar graph.

NO. 8
this/that

☐ Let me give you some examples.

(○) I'll show you some examples.

NO. 46
Let me

☐ Do you have any questions?

NO. 31
Do ～ ?

上手なプレゼン（2）

▶ TRACK 106

文法ポイント

基本英文法のおさらい

NO. 8
this/that

☐ 良い質問ですね。

NO. 36
疑問詞 which

☐ どの点がわかりませんでしたか？

NO. 60
関係代名詞 what

☐ それはこれから説明しようとしていたことです。

2 場面別・英語で言うトレーニング

NO. 60
関係代名詞 what

☐ そういう意味ではありません。

NO. 42
that 節

☐ 恐れ入りますが時間がなくなってしまいました。

NO. 8
this/that

☐ 以上です。

NO. 10
過去形

☐ プレゼンテーションはうまく行きました。

Presentations (2)

☐ That's a good question.

☐ Which part didn't you get?
　△ Which point didn't you <u>understand</u>? （understand
　を使うと少し上から話している感じがあります）

☐ That's what I was about to explain.
　○ That's what I was <u>going to</u> explain.
　＊ be about to＋動詞の原形 ＝（今にも）〜しようとしてい
　る

☐ That's not what I mean.
　○ That's not what I <u>said</u>.

☐ I'm afraid (that) we're out of time.
　△ I'm afraid (that) we're <u>short of</u> time. / △ I'm afraid
　(that) we're <u>running out of</u> time. （「完璧に時間がなく
　なった」わけではなく、「時間がなくなってきている」ことを表します）

☐ That's all.
　○ That's <u>it</u>.

☐ The presentation went well.
　○ I gave a good presentation. / ○ I made a good
　presentation. / ○ The presentation was good.
　△ I did a good presentation. （do よりも give や make
　を使ったほうがネイティブっぽさが出ます）

電話で話す（1）

▶ TRACK 107

文法ポイント

| NO. 28
所有格 | ☐ | 株式会社ジェイの横田美紀と申します。 |

| NO. 23
may | ☐ | アダム・ベイカーさんはいらっしゃいますか？ |

| NO. 2
SVC（be 動詞） | ☐ | 田中ミクさんはお手すきでいらっしゃいますか？ |

| NO. 7
There + be 動詞 | ☐ | 人事担当の方はいらっしゃいますか？ |

| NO. 11
現在進行形 | ☐ | 出荷についてお聞きしたいのですが。 |

| NO. 23
may | ☐ | もう一度お名前を伺ってもよろしいですか？ |

| NO. 51
命令文 | ☐ | 少々お待ちください。 |

On the phone (1)

☐ My name is Miki Yokota from Jay Corporation.

NO. 28
所有格

☐ May I speak to Adam Baker, please?

NO. 23
may

☐ Is Miku Tanaka available?

NO. 2
SVC（be 動詞)

☐ Is there someone from the HR Department?
   * HR [Human Resources] = 人材

NO. 7
There + be 動詞

☐ I'm calling to inquire about shipping.
   ○ I'm calling about shipping.
   (○) I'd like to ask you about shipping.

NO. 11
現在進行形

☐ May I have your name again, please?
   * ビジネスの場で What's your name? と言うのは失礼な印象を与えます。

NO. 23
may

☐ Please hold for a moment.
   ○ Hold on, please.
   (○) One moment, please. / (○) Just a moment, please.

NO. 51
命令文

仕事

電話で話す（2）

▶ TRACK **108**

1 基本英文法のおさらい

2 場面別・英語で言うトレーニング

文法ポイント

NO. 52
to不定詞（副詞的用法）

☐ お待たせして申し訳ありません。

NO. 2
SVC（be 動詞）

☐ ジュンペイはただいま席を外しています。

NO. 18
will（意志未来）

☐ 後でかけ直します。

NO. 18
will（意志未来）

☐ 彼にはかけ直すように伝えておきます。

NO. 21
can

☐ お電話が遠いようです。

NO. 46
Let me

☐ 確認して折り返しご連絡します。

NO. 23
may

☐ 伝言をお願いしてもよろしいでしょうか。

On the phone (2)

文法ポイント

☐ Sorry to keep you waiting.

NO. 52
to不定詞（副詞的用法）

☐ Junpei is away from his desk right now.

NO. 2
SVC（be 動詞）

☐ I'll call back later.
　○ I'll call you back <u>again</u>.

NO. 18
will（意志未来）

☐ I'll tell him to call you back.

NO. 18
will（意志未来）

☐ I can't hear you very well.

NO. 21
can

☐ Let me check and get back to you.

NO. 46
Let me

☐ May I leave a message?

NO. 23
may

仕事

スケジュールを組む（1）

▶ TRACK 109

文法ポイント

NO. 34
疑問詞 when
☐ ミーティングはいつがよろしいですか？

NO. 34
疑問詞 when
☐ いつならご都合がよろしいですか？

NO. 2
SVC（be動詞）
☐ 月曜日の午後は空いていますか？

NO. 19
will（単純未来）
☐ 明日はオフィスにいらっしゃいますか？

NO. 46
Let me
☐ もう一度スケジュールを確認させてください。

NO. 56
最上級
☐ 訪問できる最短の日はいつですか？

NO. 34
疑問詞 when
☐ ミラー先生（医師）とのミーティングはいつですか？

Scheduling（1）

文法ポイント

☐ When **would you like to have the meeting?**
  ○ When <u>do you want</u> to have the meeting?

NO. **34**
疑問詞 when

☐ When **would be good for you?**
  ○ When <u>is</u> good for you?

NO. **34**
疑問詞 when

☐ <u>Are</u> you available **Monday afternoon?**
  ○ Are you <u>free</u> Monday afternoon?

NO. **2**
SVC（be 動詞）

☐ Will **you be in the office tomorrow?**
  ○ Will you be <u>at</u> the office tomorrow?

NO. **19**
will（単純未来）

☐ Let me **check my schedule again.**

NO. **46**
Let me

☐ What's the earliest **day you can visit?**

NO. **56**
最上級

☐ When **is the meeting with Dr. Miller?**
  ○ When <u>do you have</u> the meeting with Dr. Miller?

NO. **34**
疑問詞 when

スケジュールを組む（2）

▶ TRACK 110

文法ポイント

| NO. 8
this/that | ☐ | 今週末は仕事をする予定です。 |

| NO. 42
that 節 | ☐ | あいにくその日は別の予定があります。 |

| NO. 21
can | ☐ | 約束を 2 時から 5 時に変更できますか？ |

| NO. 18
will（意志未来） | ☐ | 8 時に迎えに行きます。 |

| NO. 2
SVC（be 動詞） | ☐ | 明日は午前中空いています。 |

| NO. 2
SVC（be 動詞） | ☐ | 明日は夕方 5 時まで予定でいっぱいです。 |

| NO. 62
too ～ to ... | ☐ | 彼らはあまりに忙しくて今日あなたに会うことができません。 |

Scheduling（2）

文法ポイント

☐ I'm going to work this weekend.

NO. 8
this/that

☐ I'm afraid (that) I have other plans that day.
  ○ I'm afraid <u>(that) I'm busy</u> that day.

NO. 42
that 節

☐ Instead of 2 pm, can we meet at 5 pm?
  ○ Can I change the meeting time from 2 pm to 5 pm?

NO. 21
can

☐ I'll pick you up at 8.

NO. 18
will（意志未来）

☐ I'm free in the morning tomorrow.

NO. 2
SVC（be 動詞）

☐ Tomorrow, I'm fully booked until 5 pm.
  ○ I'm <u>not available</u> until 5 pm tomorrow.

NO. 2
SVC（be 動詞）

☐ They're too busy to meet you today.

NO. 62
too ~ to ...

自分について話す

日常会話

仕事 スケジュールを組む（2）

仕事

自社を説明する（1）

▶ TRACK 111

文法ポイント

基本英文法のおさらい

| NO. 4 SVO | ☐ 当社は全国に支社があります。 |

| NO. 48 過去分詞修飾 | ☐ ここは外資系の会社です。 |

| NO. 20 be 動詞＋前置詞 | ☐ 本社はアメリカにあります。 |

場面別・英語で言うトレーニング

| NO. 7 There + be 動詞 | ☐ 社員は 2000 人くらいいます。 |

| NO. 13 現在完了（継続） | ☐ 当社は設立から今年で 20 年になります。 |

| NO. 13 現在完了（継続） | ☐ ずっと利益が出ています。 |

| NO. 17 be going to | ☐ この四半期は赤字になりそうです。 |

Describing my company (1)

文法ポイント

☐ We have <u>branches</u> all over the country.
 ＊ branch = 支店、支社 （brunch は「ブランチ」のこと）

<u>NO.</u> **4**
SVO

☐ **This is a** foreign-owned **company.**
 ○ This is a <u>foreign-affiliated</u> company.

<u>NO.</u> **48**
過去分詞修飾

☐ **The headquarters** are in **the US.**
 ＊ headquarters = 本社 （headquarters は必ず s をつけて複数形で使います）

<u>NO.</u> **20**
be 動詞＋前置詞

☐ There are **about 2,000 employees.**

<u>NO.</u> **7**
There + be 動詞

☐ **It's been 20 years since this company was founded.**
 (○) This company was founded <u>20 years ago</u>.
 ＊ found = 設立する

<u>NO.</u> **13**
現在完了（継続）

☐ **We**'ve continued **to make a profit.**

<u>NO.</u> **13**
現在完了（継続）

☐ **It looks like we**'re going to **be in the red this quarter.**
 (○) <u>We expect</u> to be in the red this quarter.

<u>NO.</u> **17**
be going to

仕事

自社を説明する（2）

▶ TRACK 112

文法ポイント

1 基本英文法のおさらい

NO. 2
SVC（be 動詞）

☐ 小さな会社で仕事は楽しいです。

NO. 7
There + be 動詞

☐ 離職率は高いです。

NO. 61
関係副詞

☐ 金曜日は、カジュアルな服装ができる日です。

2 場面別・英語で言うトレーニング

NO. 4
SVO

☐ 業務で英語が必要です。

NO. 1
SV

☐ 海外出張が多いですね。

NO. 1
SV

☐ 残業は少ないです。

NO. 26
形式主語の it

☐ 有給休暇は取りやすいと思います。

Describing my company (2)

文法ポイント

☐ It's a small company, and the work is fun.

NO. 2
SVC（be 動詞）

☐ There's a high employee turnover rate.
　　* turnover rate = 離職率

NO. 7
There + be 動詞

☐ Friday is the day (when) we can dress casually.

NO. 61
関係副詞

☐ We need to use English at work.

NO. 4
SVO

☐ We go on many business trips overseas.

NO. 1
SV

☐ We work very little overtime.
　　* (very) little = ほとんどない (a little は「少しある」の意味)

NO. 1
SV

☐ It's easy to take paid vacation days.

NO. 26
形式主語の it

仕事

議論する（1）

▶ TRACK 113

文法ポイント

1 基本英文法のおさらい

2 場面別・英語で言うトレーニング

NO. 32
What is/are 〜 ?

☐ メリットとデメリットは何でしょうか。

NO. 32
What is/are 〜 ?

☐ それの利点は何ですか？

NO. 29
可能性・推量の助動詞

☐ それについてのデメリットは何でしょうか。

NO. 32
What is/are 〜 ?

☐ 他に起こりうる問題は何ですか？

NO. 8
this/that

☐ それは私の見方と違いますね。

NO. 60
関係代名詞 what

☐ それは聞いていた話と違います。

NO. 8
this/that

☐ 恐れ入りますが、それは受け入れられません。

180

Discussing a topic (1)

文法ポイント

☐ What are **the pros and cons?**
  ＊ pros and cons = 良い点と悪い点
  × What are the <u>merit and demerit</u>?

<u>NO.</u> **32**
What is/are ～ ?

☐ What's **the benefit of that?**
  ○ What's the <u>advantage</u> of that?

<u>NO.</u> **32**
What is/are ～ ?

☐ What **could** be a disadvantage of that?
  ○ What could be <u>the</u> disadvantage of that?

<u>NO.</u> **29**
可能性・推量の助動詞

☐ What's **another possible problem?**

<u>NO.</u> **32**
What is/are ～ ?

☐ That's **not how I see it.**
  ○ That's not <u>what I think</u>.

<u>NO.</u> **8**
this/that

☐ That's different from what **I heard.**

<u>NO.</u> **60**
関係代名詞 what

☐ I'm afraid that's **unacceptable.**
  ○ I'm afraid that's <u>not acceptable</u>.

<u>NO.</u> **8**
this/that

議論する（2）

▶ TRACK 114

文法ポイント

| NO. 60 関係代名詞 what | ☐ おっしゃることはわかります。 |

| NO. 22 should | ☐ どうすべきだと思いますか？ |

| NO. 8 this/that | ☐ それは良いアイデアではないね。 |

| NO. 60 関係代名詞 what | ☐ あなたの言ったことは間違っています。 |

| NO. 21 can | ☐ もっと詳しく説明してもらえますか？ |

| NO. 5 SVOO | ☐ 具体例を挙げてください。 |

| NO. 8 this/that | ☐ それは難しい問題ですね。 |

Discussing a topic (2)

文法ポイント

☐ **I see** what **you mean.**
    (○) I can understand your point.

NO. 60
関係代名詞 what

☐ **What do you think we** should **do?**

NO. 22
should

☐ **I don't think** that**'s a good idea.**
    △ I think that's not a good idea.

NO. 8
this/that

☐ What **you said was incorrect.**
    ○ What you said was wrong [not right].

NO. 60
関係代名詞 what

☐ Can **you explain it to me in more detail?**

NO. 21
can

☐ **Please** give me some specific examples.

NO. 5
SVOO

☐ That**'s a tough issue.**

NO. 8
this/that

仕事

質問する

▶ TRACK 115

文法ポイント

| NO. 37 疑問詞 who | ☐ 誰が担当者なんですか？ |

| NO. 37 疑問詞 who | ☐ プレスリリースは誰が担当しますか？ |

| NO. 32 What is/are 〜？ | ☐ 年間の売上目標はいくらでしょうか？ |

| NO. 34 疑問詞 when | ☐ 次回の会議はいつでしょうか？ |

| NO. 34 疑問詞 when | ☐ いつ新しいノート PC を買ったの？ |

| NO. 35 疑問詞 where | ☐ 勤務地はどこですか？ |

| NO. 36 疑問詞 which | ☐ どのスタッフがメールを送ってきたのですか？ |

Asking questions

文法ポイント

☐ Who's the person in charge?
* in charge = 監督、管理、担当する（人）

NO. **37**
疑問詞 who

☐ Who'll be in charge of the press release?

NO. **37**
疑問詞 who

☐ What's our annual sales target?
○ What's our annual <u>sales goal</u>?

NO. **32**
What is/are ～ ?

☐ When's the next meeting?

NO. **34**
疑問詞 when

☐ When did you get a new laptop?
○ When did you <u>buy</u> your new laptop?
* lap = ひざ（ひざに乗せられるサイズであることから laptop
と呼ばれます）

NO. **34**
疑問詞 when

☐ Where do you work?
○ Where <u>is your office</u>?

NO. **35**
疑問詞 where

☐ Which staff member sent you the email?

NO. **36**
疑問詞 which

仕事

仕事仲間とスモールトーク（1）

▶ TRACK 116

基本英文法のおさらい

1

場面別・英語で言うトレーニング

2

文法ポイント

NO. 13
現在完了（継続）

☐ お元気でしたか？

NO. 49
how

☐ 今日の会議はどうでしたか？

NO. 49
how

☐ プロジェクトは順調ですか？

NO. 49
how

☐ 週末はどうでしたか？

NO. 27
時間、天候、距離を表すit

☐ 天気がいいですね。

NO. 11
現在進行形

☐ 日が短くなってきましたね。

NO. 27
時間、天候、距離を表すit

☐ もうすぐ冬ですね。

Small talk (1)

☐ **How** have you been?

<u>NO.</u> **13**
現在完了（継続）

☐ **How** was today's meeting?

<u>NO.</u> **49**
how

☐ **How**'s the project going?
　○ How's the project <u>coming along</u>?

<u>NO.</u> **49**
how

☐ **How** was your weekend?

<u>NO.</u> **49**
how

☐ **It**'s a beautiful day.
　△ It's <u>good weather today</u>.
　(○) The weather is good today.

<u>NO.</u> **27**
時間、天候、距離を表すit

☐ **The days** are getting **shorter**.

<u>NO.</u> **11**
現在進行形

☐ **It**'s almost winter.

<u>NO.</u> **27**
時間、天候、距離を表すit

仕事

仕事仲間とスモールトーク（2）

▶ TRACK 117

文法ポイント

NO. 17 be going to	☐	今夜は雪が降るそうですね。
NO. 10 過去形	☐	ランチは何を食べました？
NO. 6 SVOC	☐	髪切りました？
NO. 28 所有格	☐	良いネクタイですね。
NO. 27 時間、天候、距離を表すit	☐	今日は忙しい日ですね。
NO. 13 現在完了（継続）	☐	今日は長い1日だったね。
NO. 25 would	☐	あなたがプレゼンしてるところを見たいですね。

Small talk (2)

文法ポイント

☐ **I heard that** it's going to **snow tonight.**
(○) I heard that it will snow tonight.

<u>NO. 17</u>
be going to

☐ **What** did you have **for lunch?**

<u>NO. 10</u>
過去形

☐ **Did** you get <u>your hair</u> <u>cut</u>?

<u>NO. 6</u>
SVOC

☐ **I like** your **tie.**
○ Your tie <u>is nice</u>. / (○) <u>You have a nice</u> tie.

<u>NO. 28</u>
所有格

☐ **It**'s a busy day.

<u>NO. 27</u>
時間、天候、距離を表す it

☐ **It**'s been **a long day.**

<u>NO. 13</u>
現在完了（継続）

☐ **I**'d **like to see you give your presentation.**
(○) I want to see you give your presentation.

<u>NO. 25</u>
would

仕事

仕事仲間とスモールトーク（3）

▶ TRACK 118

基本英文法のおさらい

場面別・英語で言うトレーニング

文法ポイント

| NO. 17 be going to | ☐ | 今夜の食事会に参加しますか？ |

| NO. 30 動名詞 | ☐ | またお会いすることを楽しみにしています。 |

| NO. 51 命令文 | ☐ | ご家族によろしく。 |

| NO. 36 疑問詞 which | ☐ | 自動販売機はどの階にありますか？ |

| NO. 53 to 不定詞（形容詞的用法） | ☐ | 学ぶことがたくさんあります。 |

| NO. 14 現在完了（完了） | ☐ | うちのボスはもう帰りましたよ。 |

| NO. 43 when 節 | ☐ | 彼は上司が近くにいるときはよく働きます。 |

190

Small talk (3)

文法ポイント

☐ Are you going to attend tonight's dinner?

NO. 17
be going to

☐ I look forward to seeing you again.
　　＊ look forward to ～の to は前置詞なので、後に名詞もしくは動名詞が続きます。
　　✕ I look forward to <u>see</u> you again.

NO. 30
動名詞

☐ Say hi to your family for me.

NO. 51
命令文

☐ Which floors have vending machines?
　　〇 Which floors have <u>a vending machine</u>?

NO. 36
疑問詞 which

☐ There's so much to learn.

NO. 53
to 不定詞
（形容詞的用法）

☐ Our boss has already gone home.
　　＊ 現在完了を使うことで、「行ってしまった / もうここにはいない」というニュアンスが伝わります。

NO. 14
現在完了（完了）

☐ He works very hard when the boss is around.
　　＊ hard = 熱心に、一生懸命に（hardly は「ほとんど～ない」の意味）

NO. 43
when 節

仕事

同僚・上司と会話する (1)

▶ TRACK 119

文法ポイント

NO. 18 will（意志未来）	☐	すぐにやります。
NO. 5 SVOO	☐	報告書を送りますね。
NO. 59 関係代名詞(目的格)	☐	何か手伝えることはありますか？
NO. 29 可能性・推量の助動詞	☐	それは良いアイデアかもしれませんね。
NO. 8 this/that	☐	これは簡単ではありません。
NO. 10 過去形	☐	良い仕事をしましたね。
NO. 58 関係代名詞（主格）	☐	これをすぐに理解できる人はなかなかいません。

Talking with colleagues and bosses (1)

文法ポイント

☐ **I'll do it right away.**
○ I'll do it <u>right now</u>.
＊ right away = すぐに

NO. 18
will（意志未来）

自分について話す

☐ **I'll send <u>you</u> <u>my report</u>.**

NO. 5
SVOO

日常会話

☐ **Is there anything** (that) **I can help you with?**

NO. 59
関係代名詞（目的格）

仕事 同僚・上司と会話する（1）

☐ **It** might **be a good idea.**

NO. 29
可能性・推量の助動詞

☐ **This is not easy.**

NO. 8
this/that

☐ **You** did **a good job.**

NO. 10
過去形

☐ **There are very few people** who **understand it right away.**
＊ （very）few = ほとんどない（a few は「少しある」の意味）

NO. 58
関係代名詞（主格）

同僚・上司と会話する（2）

▶ TRACK 120

文法ポイント

1 基本英文法のおさらい

NO. 18 will（意志未来）	☐	5分後に戻ります。
NO. 53 to 不定詞 （形容詞的用法）	☐	私たちは明日やるべきことがたくさんあります。
NO. 23 may	☐	今日は早く帰ってもいいですか？

2 場面別・英語で言うトレーニング

NO. 32 What is/are ～?	☐	締切はいつですか？
NO. 20 be 動詞＋前置詞	☐	彼は会議中です。
NO. 19 will（単純未来）	☐	彼は会議に参加予定ですか？
NO. 42 that 節	☐	彼は会議が遅れて始まると私に言いました。

Talking with colleagues and bosses (2)

		文法ポイント

☐ **I'll be back in five minutes.**
○ I'll <u>come back</u> in five minutes.

NO. **18**
will（意志未来）

☐ **We'll have many things** to do **tomorrow.**

NO. **53**
to 不定詞
（形容詞的用法）

☐ **May I leave early today?**

NO. **23**
may

☐ **What's the deadline?**

NO. **32**
What is/are ～ ?

☐ **He is in a meeting right now.**

NO. **20**
be 動詞＋前置詞

☐ **Will he attend the meeting?**

NO. **19**
will（単純未来）

☐ **He told me** (that) **the meeting will start late.**

NO. **42**
that 節

同僚・上司と会話する（3）

▶ TRACK 121

基本英文法のおさらい

場面別・英語で言うトレーニング

文法ポイント

NO. 55 間接疑問文	☐	私のプレゼンについてどう思うか教えてもらえますか？
NO. 40 疑問詞＋to不定詞	☐	この問題について誰に聞いたらいいのかわかりません。
NO. 50 How＋形容詞・副詞〜？	☐	報告書は何部必要ですか？
NO. 16 現在完了進行形	☐	私は今朝からずっとメールをチェックしています。
NO. 14 現在完了（完了）	☐	まだメールをチェックしていません。
NO. 58 関係代名詞（主格）	☐	営業部のフランス人の男性社員が来月退職します。
NO. 53 to不定詞（形容詞的用法）	☐	今日は難しい仕事があるんだよね。

Talking with colleagues and bosses (3)

文法ポイント

☐ **Could you tell me** what you think about my presentation?

NO. 55
間接疑問文

☐ I don't know who to ask **about this issue.**

NO. 40
疑問詞＋ to 不定詞

☐ How many **copies of the report do you need?**

NO. 50
How＋形容詞・副詞～？

☐ I've been checking **my email since this morning.**

NO. 16
現在完了進行形

☐ I haven't checked **my email yet.**

NO. 14
現在完了（完了）

☐ The French guy who **works in the Sales Department will retire next month.**

NO. 58
関係代名詞（主格）

☐ I have some really tough work to do **today.**

NO. 53
to 不定詞
（形容詞的用法）

仕事

同僚・上司と会話する（4）

▶ TRACK 122

文法ポイント

| NO. 24
have to | ☐ 私たちはこれを今やらなくてはいけませんか？ |

| NO. 24
have to | ☐ 彼らは今日残業しなければなりません。 |

| NO. 7
There + be 動詞 | ☐ 彼らのチームは人が足りていません。 |

| NO. 9
these/those | ☐ こちらの資料はあなたのですか？ |

| NO. 57
比較級 | ☐ 今回の事例には A 案のほうが適していると思います。 |

| NO. 29
可能性・推量の助動詞 | ☐ もっと良い方法があるはずです。 |

| NO. 63
so ~ that ... | ☐ 彼女は一生懸命働いてプロジェクトを早く終わらせました。 |

Talking with colleagues and bosses (4)

文法ポイント

☐ **Do we have to do this now?**

NO. 24
have to

☐ **They have to work overtime tonight.**
  * work overtime = 残業する

NO. 24
have to

☐ **There aren't enough people on their team.**

NO. 7
There + be 動詞

☐ **Are these documents yours?**

NO. 9
these/those

☐ **I think Suggestion A is more suitable in this case.**
  * Suggestion A = A 案（プランや作戦のタイトルの最初の文字は大文字にします）

NO. 57
比較級

☐ **There should be a better way.**

NO. 29
可能性・推量の助動詞

☐ **She worked so hard that she finished the project quickly.**

NO. 63
so ～ that ...

自分について話す

日常会話

仕事

同僚・上司と会話する（4）

仕事

部下に指示する

▶ TRACK 123

基本英文法のおさらい

2 場面別・英語で言うトレーニング

文法ポイント

| NO. 9 these/those | ☐ | これらの書類を印刷してもらえますか？ |

| NO. 55 間接疑問文 | ☐ | エミリーに会議室の場所を伝えてもらえますか？ |

| NO. 2 SVC（be動詞） | ☐ | 今、手空いてる？ |

| NO. 41 接続詞 | ☐ | 今日中にやってもらえると助かります。 |

| NO. 55 間接疑問文 | ☐ | いつ頃までにできそうか教えてください。 |

| NO. 47 受動態 | ☐ | 言われたことをやりなさい。 |

| NO. 24 have to | ☐ | それはしなくていいよ。 |

Instructing subordinates

文法ポイント

☐ **Can you print** these **documents for me?**
   ※ Can の代わりに Could を使うとかなり丁寧です。

<u>NO.</u> **9**
these/those

☐ **Will you please tell Emily** where the
meeting room is?

<u>NO.</u> **55**
間接疑問文

☐ <u>Are</u> **you free** at the moment?
   ○ Are you free <u>now</u>?（now よりも at the moment のほうが、丁寧かつより短い時間の印象です）

<u>NO.</u> **2**
SVC（be 動詞）

☐ **It would be really helpful** if you could do
it by the end of the day.

<u>NO.</u> **41**
接続詞

☐ **Let me know** when you'll be able to
finish it by.

<u>NO.</u> **55**
間接疑問文

☐ **Do what** you're told.

<u>NO.</u> **47**
受動態

☐ **You don't** have to **do that.**

<u>NO.</u> **24**
have to

仕事

依頼する（1）

▶ TRACK 124

文法ポイント

NO. 4 SVO	☐	至急のお願いがあります。
NO. 21 can	☐	カタログをメールで送っていただけますか？
NO. 4 SVO	☐	今週末までに書類が必要です。
NO. 23 may	☐	近いうちに面談をお願いできませんか？
NO. 7 There + be 動詞	☐	確認したいことがあるのですが。
NO. 21 can	☐	コピーを取ってもらえますか。
NO. 51 命令文	☐	日程を確認してください。

Requests (1)

文法ポイント

☐ I have <u>an urgent request</u>.

NO. **4**
SVO

☐ Could **you email us your catalog?**

NO. **21**
can

☐ We need <u>the documents</u> by the end of this week.

NO. **4**
SVO

☐ May **I have an individual meeting with you sometime soon?**

※ individual = 個人の、個々の

NO. **23**
may

☐ There is **something I'd like to confirm.**

NO. **7**
There + be 動詞

☐ Could **you make a copy for me?**

○ Could you <u>make me a copy</u>?

NO. **21**
can

☐ Please confirm **the date.**

NO. **51**
命令文

仕事

依頼する（2）

▶ TRACK 125

文法ポイント

1 基本英文法のおさらい

| NO. 51 命令文 | ☐ | このフォームに記入してください。 |

| NO. 21 can | ☐ | プリントアウトしてもらえますか？ |

| NO. 4 SVO | ☐ | 手伝ってください。 |

2 場面別・英語で言うトレーニング

| NO. 51 命令文 | ☐ | プレゼンに遅れないでください。 |

| NO. 41 接続詞 | ☐ | 承認が下りるまで待ってください。 |

| NO. 51 命令文 | ☐ | 見積りをください。 |

| NO. 21 can | ☐ | 今夜は残業できますか？ |

Requests (2)

☐ Please fill out this form.
　　* fill out 〜 = 〜に記入する

NO. 51
命令文

☐ Can you print it out, please?

NO. 21
can

☐ I need your help.

NO. 4
SVO

☐ Please don't be late for the presentation.

NO. 51
命令文

☐ Please wait until we receive approval.
　　* until 〜 = 〜までずっと（until は継続を表しますが、by は「〜までに」という期限を表します）

NO. 41
接続詞

☐ Please give us an estimate.

NO. 51
命令文

☐ Can you work overtime tonight?

NO. 21
can

仕事

謝る

▶ TRACK **126**

文法ポイント

NO. 2
SVC（be 動詞）
☐ 本当にごめんなさい。

NO. 30
動名詞
☐ 遅れて申し訳ありません。

NO. 30
動名詞
☐ （オンラインミーティングに）参加が遅れまして申し訳ありません。

NO. 6
SVOC
☐ お待たせして申し訳ありません。

NO. 28
所有格
☐ 返答が遅くなり、申し訳ありません。

NO. 42
that 節
☐ 締切に間に合わず大変申し訳ございません。

NO. 2
SVC（be 動詞）
☐ そういうつもりはなかったんです。

Work

Apologizing

文法ポイント

☐ I'm so sorry.

* I'm sorry は「お気の毒に / 残念でしたね」という意味で
使われることもあります。

NO. 2
SVC（be 動詞）

☐ I'm so sorry for being late.

NO. 30
動名詞

☐ Sorry for joining late.

NO. 30
動名詞

☐ (I'm) Sorry for making you wait.

NO. 6
SVOC

☐ I apologize for my late reply.

NO. 28
所有格

☐ I'm really sorry (that) I missed the deadline.

NO. 42
that 節

☐ That wasn't my intention.

NO. 2
SVC（be 動詞）

自分について話す

日常会話

仕事

謝る

英語で困ったとき

聞き取れないとき

▶ TRACK **127**

文法ポイント

| NO. **2** SVC（be 動詞） | ☐ え？ |

| NO. **21** can | ☐ ごめんなさい。もう一度言ってもらえますか？ |

| NO. **21** can | ☐ 聞こえません。 |

| NO. **21** can | ☐ スペルを教えてもらえますか？ |

| NO. **21** can | ☐ 30% くらいしかわかりませんでした。 |

| NO. **57** 比較級 | ☐ 簡単な言葉で言ってもらえますか？ |

| NO. **51** 命令文 | ☐ 書いてください。 |

When you can't catch what is said

	文法ポイント

☐ (I'm) Sorry?

NO. 2
SVC (be 動詞)

☐ I'm sorry, could you say that again?

NO. 21
can

☐ I can't hear you.

NO. 21
can

☐ Could you spell that, please?

NO. 21
can

☐ I could only understand about 30%.

NO. 21
can

☐ Could you say that in simpler terms?

NO. 57
比較級

☐ Please write it down.

NO. 51
命令文

自分について話す

日常会話

仕事

英語で困ったとき

聞き取れないとき

209

英語で困ったとき

英語が出てこないとき

▶ TRACK **128**

文法ポイント

NO. 22 should	☐	なんて言えばいいかな。
NO. 32 What is/are 〜?	☐	何だっけ。
NO. 5 SVOO	☐	ちょっと時間をください。
NO. 26 形式主語の it	☐	英語で説明するのが難しいです。
NO. 31 Do 〜?	☐	伝わってますか？
NO. 58 関係代名詞（主格）	☐	日本語が話せる人はいますか？
NO. 21 can	☐	大丈夫です。忘れてください。

基本英文法のおさらい

1

2

場面別・英語で言うトレーニング

210

Overcoming difficulties

When you don't know what to say

		文法ポイント
☐	**What** should **I say?**	**NO. 22** should
☐	What's **the word**?	**NO. 32** What is/are ～ ?
☐	**Please** give me a moment**.**	**NO. 5** SVOO
☐	It**'s hard for me to explain it in English.**	**NO. 26** 形式主語の it
☐	Does **that make sense**? ＊ make sense = 筋が通る	**NO. 31** Do ～ ?
☐	**Is there** someone who **can speak** **Japanese?** ○ Is there anyone who can ～ ?（someone のほうが丁寧）	**NO. 58** 関係代名詞（主格）
☐	It**'s OK. You** can **forget about it.**	**NO. 21** can

自分について話す

日常会話

仕事

英語で困ったとき　英語が出てこないとき

アウトプットの重要性について

「テストの点数は取れるのに、スピーキングが全然だめで」

「知っているはずの簡単な文や単語でさえ、パッと出てこないんです」

　英会話スクールで学習者の方にカウンセリングをすると、よくこのように相談されます。特に、学生時代に英語の勉強を頑張ってある程度の基礎文法を身につけた方や、これまで TOEIC などの資格試験を中心に学習してきた方に、このような悩みが多い印象です。

　その原因は、圧倒的な「アウトプット不足」にあります。英語学習におけるアウトプットとは、英語を「書く・話す」ことです。英語学習のゴールが「TOEIC で良い点数を取ること」や「英語の文献を読めるようになること」である場合はともかく、「英語を話せるようになる」ことを目標とする場合には、アウトプットが必要不可欠だといわれています。

　第二言語習得論（SLA）の研究においてもよく挙げられる、アウトプットによって得られる学習効果は主に以下の 4 つです。

1．ギャップに気づく

　実際に英語を話してみると、単語がわからなくて言葉に詰まったり、「こんな簡単なことが言えないなんて！」と悔しくなったりすることがあると思います。「自分の言いたいこと」と「実際に言えること」のギャップに気づくことが、アウトプットのもたらす効果の 1 つです。その気づきが、新たなインプットにもつながります。

2．仮説を検証する

　これは、自分が学んだ表現（仮説）を使ってみて、それが正しいのかどうか、伝わるのかどうかを実際に相手の反応を見て確かめる（検証する）ということです。正しい英語を言えたなら、相手からはごく自然な反応が返ってきてそのまま会話が続くでしょう。一方で自分の英語が間違っていたなら、相手は困惑した表情になったり、聞き返したりするかもしれません。こういった相手からのフィードバックを得ることによって、単語、文法、発音などの間違いや不自然さを修正することができます。

3．文法の理解を深める

　英語を読んだり聴いたりしているとき、私たちは意味を理解することに集中しているので、細かい文法には意識が向いていません。しかし、いざ自分が話そうとすると「ここは a と the のどっちだろう」「昨日の話だから動詞 -ed をつけて過去形にしないと」など、細かい文の構造を意識することになります。結果的に、英語を読む・聴くといったインプットだけをしているときよりも、アウトプットしているときのほうが、より深く英文法や表現を理解することができるのです。

4．無意識的に語彙や文法を使いこなす

　自分の知識を取り出して、言いたいことを英語に組み立て直すのはとても難しく、最初は時間がかかります。しかし、アウトプットを繰り返すことでその時間がだんだんと短くなり、考えなくても言葉がパッと出てくるようになります。反復練習によって知識がスキルに変わることを、SLA の世界では「自動化」と呼びます。

　では、英語学習における「アウトプット」とは具体的に何をすればよいのでしょうか。英会話スクールでのレッスンやネイティブスピーカーとの会話を思い浮かべる方が多いと思いますが、アウトプットの本質は「日本語で言いたいことを英語に変換する」ということです。

　つまり、独り言を英語で言ったり、声を出さずに「これって英語でなんて言うんだろう…」と考えたりすることも、アウトプットの一環になります。もちろん、実際にネイティブスピーカーに向かって話しかけ、相手の反応を見たり間違いを指摘してもらったりするのに越したことはないですが（アウトプットの4つの学習効果のうちの「仮説検証」）、自己学習でもアウトプットの機会を作ることは可能です。

　本書を使うことでも、アウトプットの力はどんどん伸びていくはずです。

　この本は、ただ英語フレーズを丸暗記するインプットの教材ではありません。すでに身につけている文法の知識を総動員させて、日本語の文を英文に変換するという、アウトプットの教材として使うことができるのが本書の強みです。

　ですから、インプットのみの自己学習に限界を感じている方や、学んだ英文法をうまくスピーキングに活かせず伸び悩みを感じている中上級の英語学習者の方にも、本書をぜひ使ってみていただければ幸いです。アウトプットの役割を意識しながら取り組むと、さらに高い学習効果が得られると思います。

I

217

219

221

Special Thanks

⌄

本書の制作に際しては多くの皆様にご協力いただきました。共著のMichael D. N. Hillは英語講師としての豊富な経験と知識を活かして実践的でナチュラルなフレーズを精査してくれました。Connie Hayashiはバイリンガルの視点から日本語と英語のニュアンスの違いなど細かい点を確認し、実用的な学習書になるように尽力してくれました。

Special Thanks to:
馬場智子、春名ちえみ、浅野裕、五十嵐朱穂、伊藤祥恵、横田微美、藤崎政貴、鵜納ひかり、山口真依、桂彩音、丹野咲、沼尾彬乃、大谷実由、金子カルナ、安藤菜々美、佐藤剣佑、仲村朋恵、久野加容子、大原楽人、吉原泰斗、Dean Berry, Anthony Roberts, Lauren Keys, Nathan Fallon, Paul Miyamoto, David Goodall, Molly Guiniven

上記に加え、千葉大学で英文法を専攻し文法サイボーグとまで称される埋金美弥子（英検1級、TOEIC980）は文法の確認や本書のブラッシュアップのために協力してくれました。自身もオンライン英会話の講師としての経験のある安田朱弥は第二言語習得の研究の知見をもとにすべての例文を精査し、コラムの執筆にも協力してくれました。また、大学でご指導いただいた中央大学経済学部名誉教授市川泰男先生には学生時代から今に至るまで英語教育全般に渡るアドバイスをいただき、本書についても助言を賜りました。本書出版にあたり関係するすべての皆様に対しまして、ここに深く感謝申し上げます。ありがとうございました。

海渡　寛記

著者略歴

海渡寛記（かいと・ひろき）

中央大学卒。アイワ株式会社(現ソニー)に入社し、グローバル商品の企画を担当。2002年ビジネスパーソン向けのマンツーマン英会話スクール(ワンナップ英会話)を立ち上げ、現在は新宿・品川・銀座・恵比寿・横浜に5校を運営。企業における英語研修にも多数登壇している。
2015年より日本文化の総合学院「HiSUi TOKYO」の運営を開始。外国人向け茶道・抜刀・書道の学びの場を提供。TOEIC985点。
著書に『場面別・職種別 ビジネス英語フレーズ3200』『新社会人の英語』(以上、クロスメディア・ランゲージ)がある。

マイケル・D・N・ヒル（Michael D. N. Hill）

アメリカ・ネバダ州出身。ネバダ大学リノ校卒。大学では英語および言語学を専攻し、広島大学への留学も経験。カリフォルニア在住時はApple社に勤務しIT業界にも精通。英会話講師歴は12年。ワンナップ英会話ではシニアインストラクターを務め、人事、教材開発、講師指導も担当。2021年からは医療従事者向け英語学習プログラム「めどはぶ」の立ち上げに携わり講師として登壇している。

〔編集協力〕　埋金美弥子

えい かい わ　　　　　　　　えい さく ぶん
英会話のための英作文トレーニング448

2023年 5月1日　第1刷発行

著者　　　海渡寛記、マイケル・D・N・ヒル
発行者　　小野田幸子
発行　　　株式会社クロスメディア・ランゲージ
　　　　　〒151-0051 東京都渋谷区千駄ヶ谷四丁目20番3号
　　　　　東栄神宮外苑ビル　https://www.cm-language.co.jp

　　　　　■本の内容に関するお問い合わせ先
　　　　　TEL (03)6804-2775　FAX (03)5413-3141
発売　　　株式会社インプレス
　　　　　〒101-0051 東京都千代田区神田神保町一丁目105番地
　　　　　■乱丁本・落丁本などのお問い合わせ先
　　　　　FAX (03)6837-5023　service@impress.co.jp
　　　　　古書店で購入されたものについてはお取り替えできません。

カバーデザイン	竹内雄二	編集協力	今坂まりあ、長沼陽香
カバー・本文イラスト	田島ミノリ	営業	秋元理志
本文デザイン	都井美穂子	印刷・製本	中央精版印刷株式会社
DTP	株式会社ニッタプリントサービス	ISBN 978-4-295-40826-0 C2082	
英文校正	Connie Hayashi	©Hiroki Kaito & Michael D. N. Hill 2023	
ナレーション	Carolyn Miller、原田桃子	Printed in Japan	
録音・編集	株式会社巧芸創作		